Dr. Jaerock Lee

Viera: Podstata toho, v čo dúfame

URIM BOOKS

*„Viera je podstatou toho, v čo dúfame, a zdôvodnením toho,
čo nevidíme, lebo pre ňu získali predkovia dobré svedectvo.
Vo viere chápeme, že Božie slovo stvárnilo svet tak,
že z neviditeľného povstalo viditeľné."*
(Hebr 11, 1 - 3)

Podstata toho, v čo dúfame
by Dr. Jaerock Lee
Vydavateľstvo Urim Books (Prezident: Johnny. H.kim)
235-3, Guro-dong 3, Guro-gu, Seoul, Korea
www.urimbook.com

Všetky práva vyhradené. Táto kniha alebo jej časti nesmú byť reprodukované v žiadnej podobe, uložené vo vyhľadávacom systéme alebo prenášané v akejkoľvek forme alebo akýmikoľvek prostriedkami, elektronicky, mechanicky, fotokópiami, záznamom alebo inak bez predchádzajúceho písomného súhlasu vydavateľa.

Ak nie je uvedené inak, všetky citácie Svätého Písma sú prevzaté z Biblie, NEW AMERICAN STANDARD BIBLE, ®, Copyright © 1960, 1962, 1963, 1968, 1971, 1972, 1973, 1975, 1977, 1995 by The Lockman Foundation. Použité so súhlasom.

Copyright © 2009 by Dr. Jaerock Lee
ISBN: 979-11-263-1163-7 03230
Translation Copyright © 2008 by Dr. Esther K. Chung. Použité so súhlasom.

V kórejskom jazyku vydané vydavateľstvom Urim Books v roku 1990

Prvé vydanie Február 2008

Editoval Dr. Geumsun Vin
Navrhol Editorial Bureau of Urim Books
Preložila © Ing. Lenka Tichá
Pre viac informácií kontaktujte urimbook@hotmail.com

Predslov

Všetku vďaku a chválu nadovšetko vzdávam Bohu Otcovi, ktorý nás viedol k vydaniu tejto knihy.

Boh, ktorý je Láska, poslal jeho jednorodeného Syna, Ježiša Krista, ako zmiernu obetu za ľudstvo, ktoré bolo v dôsledku ich hriechu už od neposlušnosti Adama odsúdené na smrť a vydláždil nám cestu k spáse. Nech má každý, kto si s vierou v túto skutočnosť otvorí srdce a príjme Ježiša Krista za svojho Spasiteľa, odpustené hriechy, dostane dar Ducha Svätého a je Bohom uznaný za Božie dieťa. Okrem toho, ako Božie dieťa má právo dostať odpovede na všetko, o čo s vierou prosí. Výsledkom bude bohatý život bez akýchkoľvek nedostatkov a bude schopný triumfálne zvíťaziť nad svetom.

Biblia nám hovorí, že otcovia viery verili v Božiu moc, ktorá dokáže stvoriť niečo z ničoho. A preto zažili úžasné Božie diela. Náš Boh je ten istý včera, dnes a zajtra a jeho všemohúcou mocou aj naďalej uskutočňuje rovnaké diela pre tých, ktorí veria v Božie slovo zaznamenané v Biblii a dodržiavajú ho.

Počas mojej služby v priebehu posledných desiatich rokov

som bol svedkom toho, ako nespočetné množstvo členov Manminu dostali odpovede a riešenia na rôzne problémy, ktoré ich kedysi sužovali, vierou v slovo pravdy a jeho nasledovaním a boli schopní vzdať slávu Bohu. Keď verili v Božie slovo, ktoré hovorí: „Od dní Jána Krstiteľa až doteraz nebeské kráľovstvo trpí násilie a násilníci sa ho zmocňujú (Mt 11, 12) a snažili sa modliť a dodržiavať Božie slovo, aby mali väčšiu vieru, v mojich očiach boli vzácnejší a oveľa krajší než čokoľvek iné.

Toto dielo je určené pre tých, ktorí dychtivo túžia viesť

víťazný život tým, že majú pravú vieru na oslavovanie Boha, šírenie Božej lásky a šírenie evanjelia Pána. V posledných dvoch desaťročiach som hlásal mnoho posolstiev s témou „Viera" a starostlivým výberom a úpravou bolo možné vydať túto knihu. Želám si, aby táto kniha, Viera: Podstata toho, v čo dúfame, hrala úlohu majáku, ktorý sa pre nespočetné množstvo duší stane sprievodcom k pravej viere.

Vietor veje, kam chce a je pre ľudské oko neviditeľným. Napriek tomu, keď vidíme chvejúce sa lístie na stromoch vo vetre, môžeme vnímať realitu vetra. Z rovnakého dôvodu, aj keď nie ste schopní skutočne vidieť Boha voľným okom, Boh je živý a skutočne existuje. To je dôvod, prečo podľa veľkosti vašej viery v neho a vašej túžby budete mať možnosť ho vidieť, počuť, cítiť jeho prítomnosť a zažiť ho.

Jaerock Lee

Obsah

Predslov

Kapitola 1
Telesná viera a duchovná viera   · 1

Kapitola 2
Zmýšľanie tela je nepriateľstvom voči Bohu   · 13

Kapitola 3
Zničiť všetky druhy myšlienok a teórií   · 29

Kapitola 4
Siať semená viery   · 43

Kapitola 5

„Ak môžeš?" Tomu, kto verí, je všetko možné!   · 57

Kapitola 6

Daniel sa spoliehal len na Boha   · 71

Kapitola 7

Boh sa vopred postará   · 85

Kapitola 1

Telesná viera a duchovná viera

Hebr 11, 1 - 3

„Viera je podstatou toho, v čo dúfame, a zdôvodnením toho, čo nevidíme, lebo pre ňu získali predkovia dobré svedectvo. Vo viere chápeme, že Božie slovo stvárnilo svet tak, že z neviditeľného povstalo viditeľné."

Pastor sa teší pri pohľade na pravú vieru jeho stáda, s ktorou oslavuje Boha. Na jednej strane, keď sú niektorí z nich svedkami živého Boha a svedčia o ich živote v Kristovi, pastor sa môže radovať a stať sa horlivejším v jeho službe Bohu. Na druhej strane, keď sa niektorým nepodarí zväčšiť ich vieru a čelia skúškam a utrpeniu, pastor určite pocíti bolesť a jeho srdce je ustarostené.

Bez viery nie je len nemožné potešovať Boha a dostať jeho odpovede na vaše modlitby, ale zároveň je veľmi ťažké mať nádej na nebo a viesť správny život viery.

Viera je najdôležitejším základom kresťanského života. Je to skratka k spáse a v podstate nutnosť v získaní Božích odpovedí. Keďže v dnešnej dobe ľudia nemajú ani poňatia o pravej definícii viery, mnohým ľuďom sa nedarí mať pravú vieru. Nedokážu mať istotu spasenia. Nedokážu chodiť vo svetle a nedokážu dostať Božie odpovede, aj napriek tomu, že vyznávajú ich vieru v Boha.

Viera je rozdelená do dvoch kategórií: telesná viera a duchovná viera. Prvá kapitola vysvetľuje, čo je pravá viera, a ako môžete získať Božie odpovede a byť skrze pravú vieru vedení na cestu k večnému životu.

Telesná viera

Ak veríte tomu, čo je viditeľné vašim očiam, a čo súhlasí s vaším vedomím a myšlienkami, vaša viera je druhom viery, ktorá sa nazýva „telesná viera." S touto telesnou vierou ste schopní veriť len v to, čo je stvorené z toho, čo je viditeľné. Napríklad, s touto vierou veríte, že stôl je vyrobený z dreva.

Telesná viera je tiež nazývaná „vierou ako poznanie". S touto telesnou vierou veríte len v to, čo je v súlade s poznatkami uloženými vo vašom mozgu a vašich myšlienkach. Bez pochybností môžete veriť, že stôl je vyrobený z dreva, pretože ste videli alebo počuli, že stôl je vyrobený z dreva a rozumiete tomu.

Ľudia majú v mozgu pamäťový systém. Už od narodenia doň vkladajú mnoho druhov poznatkov. Do mozgových buniek si ukladajú poznatky o tom, čo videli, počuli, získali prostredníctvom rodičov, bratov a sestier, priateľov a susedov a naučili sa v školách, a tieto uložené poznatky podľa potreby používajú.

Nie každý kus poznania uloženého v ich mozgu je pravda. Božie slovo je pravda, pretože je večné, zatiaľ čo svetské poznanie sa ľahko mení a je zmesou pravdy a nepravdy. Vzhľadom k tomu, že ľudia úplne nechápu pravdu, svetskí ľudia si neuvedomujú, že nepravdy sú zneužívané tak, ako keby boli pravdami. Napríklad, veria, že evolučná teória je pravdivá, pretože sa v škole učili len evolučnú teóriu, a nie Božie slovo.

Tí, ktorí boli učení len to, že veci sú stvorené z niečoho, čo už existuje, nedokážu uveriť, že niečo je stvorené z ničoho.

Ak je človek s telesnou vierou nútený veriť, že niečo je stvorené z ničoho, poznanie, ktoré má uložené, a v ktoré verí už od narodenia, mu bráni uveriť, sprevádzajú ho pochybnosti a nedokáže uveriť.

V tretej kapitole evanjelia podľa Jána prišiel k Ježišovi židovský vládca Nikodém a viedol s ním duchovné rozhovory. Počas rozhovoru mu Ježiš povedal: „Ak neveríte, keď vám hovorím o pozemských veciach, akože uveríte, keď vám budem hovoriť o nebeských?" (v 12)

Keď začnete viesť kresťanský život, ukladáte si poznanie o Božom slove do tej miery, do akej ho počúvate. Ale nedokážete úplne veriť od začiatku a vaša viera je telesná. S touto telesnou vierou vo vás rastú pochybnosti a nepodarí sa vám žiť podľa Božieho slova, komunikovať s Bohom a získať jeho lásku. To je dôvod, prečo je telesná viera tiež nazývaná „vierou bez skutkov" alebo „mŕtvou vierou".

S telesnou vierou nemôžete byť spasení. Ježiš povedal v Mt 7, 21: „Nie každý, kto mi hovorí: „Pane, Pane!" vojde do nebeského kráľovstva, ale iba ten, kto plní vôľu môjho Otca, ktorý je v nebesiach." A v Mt 3, 12 je napísané: „Má v ruke vejačku a prečistí namlátené zrno; pšenicu zhromaždí do sýpky, no plevy spáli v neuhasiteľnom ohni." Stručne povedané, ak nedodržiavate Božie slovo a vaša viera je vierou bez skutkov, nebudete môcť vstúpiť do nebeského kráľovstva.

Duchovná viera

Ak veríte vo veci, ktoré sú neviditeľné a v to, čo nesúhlasí s ľudskými myšlienkami a poznaním, môžeme povedať, že máte duchovnú vieru. S touto duchovnou vierou môžete veriť, že niečo je stvorené z ničoho.

Hebr 11, 1 definuje duchovnú vieru nasledovne: „Viera je podstatou toho, v čo dúfame, a zdôvodnením toho, čo nevidíme." Inými slovami, keď sa pozriete na veci duchovnými očami, veci sa pre vás stanú skutočnosťou, a keď vidíte očami viery to, čo je neviditeľné, je odhalené presvedčenie, vďaka ktorému ste schopní veriť. Duchovnou vierou je možné to, čo je nemožné telesnou vierou, ktorá je „vierou ako poznanie", a je to zjavené ako skutočnosť.

Napríklad, keď Mojžiš videl veci očami viery, Červené more sa rozdelilo na polovicu a Izraeliti ním prešli ako po súši (Ex 14, 21 - 22). A keď sa Jozue, Mojžišov nástupca, a jeho ľud pozreli na mesto Jericho a 7 dní mesto obchádzali, a potom na mestské hradby skríkli, mesto padlo (Joz 6, 12 - 20). Abrahám, otec viery, dokázal poslúchnuť Boží príkaz a obetovať jeho jediného syna Izáka, ktorý bol semenom Božieho sľubu, pretože veril, že Boh dokáže vzkriesiť človeka z mŕtvych (Gn 22, 3 - 12). To je jeden z dôvodov, prečo sa duchovná viera nazýva „vierou sprevádzanou skutkami" a „živou vierou".

Hebr 11, 3 hovorí: „Vo viere chápeme, že Božie slovo stvárnilo svet tak, že z neviditeľného povstalo viditeľné." Nebesá a zem a všetko, čo ich napĺňa, vrátane slnka, mesiaca, hviezd, stromov, vtákov, rýb a zverstva, boli stvorené Božím slovom a On stvoril ľudstvo z prachu zeme. Všetko toto bolo stvorené z ničoho a iba duchovnou vierou môžeme v to veriť a chápať túto skutočnosť.

Nie všetko je viditeľné našim očiam alebo viditeľnou skutočnosťou, ale Božou mocou, to znamená, Jeho slovom, všetko bolo stvorené. To je dôvod, prečo vyznávame, že Boh je všemohúci a vševediaci a od neho môžeme získať všetko, o čo s vierou prosíme. Je to preto, že všemohúci Boh je náš Otec a my sme jeho deti, takže všetko sa nám stane tak, ako sme uverili.

Aby ste dokázali vierou získať odpovede a zažili zázraky, musíte obrátiť vašu telesnú vieru na duchovnú vieru. Po prvé, musíte pochopiť, že poznanie uložené v mozgu od vášho narodenia a telesná viera vytvorená na základe tohto poznania vám bránia mať duchovnú vieru. Musíte zničiť poznanie, ktoré prináša pochybnosti a odstrániť poznanie, ktoré bolo klamlivo uložené vo vašom mozgu. Do akej miery budete počúvať a chápať Božie slovo, do tej miery bude vo vás stále väčšie množstvo ducha poznania, a do tej miery budete svedkami znamení a zázrakov uskutočnených Božou mocou a zažijete dôkazy živého Boha skrze svedectvá mnohých veriacich, pochybnosti sa stratia a vaša duchovná viera vzrastie.

Do akej miery rastie vaša duchovná viera, do tej miery môžete žiť podľa Božieho slova, komunikovať s ním a dostať od neho odpovede. Keď sú vaše pochybnosti úplne zničené, môžete stáť na skale viery a mať silnú vieru, ktorou môžete viesť víťazný život v každej skúške a prekážke.

Ohľadne tejto skaly viery nás Jak 1, 6 varuje: „Nech však prosí s vierou, bez akéhokoľvek pochybovania, lebo kto pochybuje, podobá sa morskej vlne, hnanej a zmietanej vetrom." A Jak 2, 14 sa nás pýta: „Čo osoží, bratia moji, ak niekto hovorí, že má vieru, ale nemá skutky? Či ho môže taká viera spasiť?"

Preto vás vyzývam, aby ste si uvedomili, že iba vtedy, keď odvrhnete všetky pochybnosti, stojíte na skale viery a ukážete skutky viery, možno o vás povedať, že máte duchovnú a pravú vieru, ktorou môžete byť spasení.

Pravá viera a večný život

Podobenstvo o desiatich pannách, ktoré je zaznamenané v 25. kapitole evanjelia podľa Matúša, nám poskytuje mnoho ponaučenia. Podobenstvo hovorí, že desať panien vzalo lampy a vyšli v ústrety ženíchovi. Päť z nich bolo rozumných a vzali s lampami v nádobkách aj olej a úspešne vyšli ženíchovi v ústrety, ale pretože ďalších päť bolo pochabých a s lampami si nevzali žiaden olej, nemohli výjsť ženíchovi v ústrety. Toto podobenstvo nám vysvetľuje, že spomedzi veriacich, tí, ktorí vedú verné kresťanské životy a pripravujú sa na návrat Pána s duchovnou vierou, budú spasení, zatiaľ čo tí, ktorí sa správne nepripravia, nebudú môcť získať spásu, pretože ich viera je mŕtva viera, ktorá nie je sprevádzaná skutkami.

Prostredníctvom Mt 7, 22 – 23 nám Ježiš hovorí, že aj keď mnohí ľudia prorokovali, vyháňali démonov a konali v jeho mene zázraky, nebude každý z nich spasený. Je to preto, že sú plevami, ktoré nekonali Božiu vôľu, ale namiesto toho konali bezprávie a páchali hriechy.

Ako môžeme odlíšiť pšenicu od pliev?
Oxfordský slovník angličtiny odkazuje na „plevy" ako na

„šupky zŕn alebo iných semien oddelených triedením alebo mlátením." Plevy duchovne symbolizujú veriacich, o ktorých sa zdá, že žijú podľa Božieho slova, ale páchajú zlo a nemenia si srdcia pravdou. Každú nedeľu chodia do kostola, dávajú desiatky, modlia sa k Bohu, starajú sa o slabých členov a slúžia Cirkvi, ale všetko toto konajú nie pre Boha, ale aby sa ukázali pred očami ľudí okolo nich. To je dôvod, prečo sú považovaní za plevy a nemôžu získať spásu.

Pšenica sa vzťahuje na veriacich, ktorí sa slovom Božej pravdy zmenili na duchovných ľudí, majú vieru, ktorá nie je v žiadnej situácii otrasená a neodbočujú ani vľavo, ani vpravo. Robia všetko s vierou: postia sa s vierou a modlia sa k Bohu s vierou, aby mohli dostať Božiu odpoveď. Nekonajú pod nátlakom ostatných ľudí, ale všetko robia s radosťou a vďakyvzdaním. Pretože nasledujú hlas Ducha Svätého, aby potešovali Boha a konali podľa viery, ich duše prosperujú, vo všetkom sa im darí a tešia sa z dobrého zdravia.

Teraz vás vyzývam, aby ste preskúmali samých seba, či počas bohoslužieb uctievate Boha v pravde a duchu alebo omámení nasledujete vlastné myšlienky a súdite Božie slovo. Musíte sa tiež obzrieť a zistiť, či ste dávali milodary radostne alebo siali striedmo, alebo neochotne kvôli očiam ostatných. Čím silnejšia je vaša duchovná viera, tým viac skutkov vás bude nasledovať. A do akej miery dodržiavate Božie slovo, do tej miery dostanete živú vieru a budete prebývať v Božej láske a požehnaní, chodiť s ním a vo všetkom sa vám bude dariť. Zostúpia na vás všetky požehnania zaznamenané v Biblii, pretože Boh je verný svojmu sľubu, ako je napísané v Nm 23,19: „Boh nie je človek, aby klamal, nie je syn človeka, aby ľutoval. Povie azda a nespraví? Sľúbi a nesplní?"

Avšak, ak sa zúčastňujete bohoslužieb, pravidelne sa modlíte a usilovne slúžite Cirkvi, no nepodarí sa vám mať túžby srdca splnené, potom musíte pochopiť, že niečo nie je v poriadku na vašej strane.

Ak máte pravú vieru, musíte nasledovať Božie slovo a dodržiavať ho. Namiesto trvania na vlastných myšlienkach a poznaní by ste mali uznať, že iba Božie slovo je pravda a byť odvážni v zničení všetkého, čo je proti Božiemu slovu. Musíte odhodiť každú formu zla prostredníctvom usilovného počúvania Božieho slova a neprestajnou modlitbou dosiahnuť svätosť.

Nie je pravda, že ste spasení skrze jednoduché chodenie do kostola, počúvanie Božieho slova a jeho ukladanie si ako poznanie. Pokiaľ podľa neho nekonáte, vaša viera je mŕtvou vierou bez skutkov. Iba vtedy, keď máte pravú a duchovnú vieru a konáte podľa Božej vôle, budete môcť vstúpiť do nebeského kráľovstva a tešiť sa z večného života.

Kiež si uvedomíte, že Boh chce, aby ste mali duchovnú vieru, ktorá je sprevádzaná skutkami a s pravou vierou sa tešili z večného života a cti Božích detí!

Kapitola 2

Zmýšľanie tela je nepriateľstvom voči Bohu

Rim 8, 5 - 8

„Lebo tí, čo žijú podľa tela, myslia na telesné veci, tí, čo žijú podľa Ducha, myslia však na duchovné veci. Lebo zmýšľanie tela vedie k smrti, zmýšľanie Ducha však vedie k životu a pokoju. Pretože zmýšľanie tela je nepriateľstvom voči Bohu — nepodrobuje sa totiž Božiemu zákonu; veď sa ani nemôže. Tí, čo žijú v tele, nemôžu sa páčiť Bohu."

Dnes je mnoho ľudí, ktorí chodia do kostola a vyznávajú vieru v Ježiša Krista. Toto je šťastná a dobrá správa pre nás. Ale náš Pán Ježiš povedal v Mt 7, 21: „Nie každý, kto mi hovorí: „Pane, Pane!" vojde do nebeského kráľovstva, ale iba ten, kto plní vôľu môjho Otca, ktorý je v nebesiach." A v Mt 7, 22 - 23 dodal: „Mnohí mi povedia v ten deň: „Pane, Pane, či sme v tvojom mene neprorokovali? Nevyháňali sme v tvojom mene démonov? Nerobili sme v tvojom mene mnoho mocných činov?" Vtedy im vyhlásim: „Nikdy som vás nepoznal. Odíďte odo mňa, páchatelia neprávostí!""

A Jak 2, 26 nám hovorí: „Veď ako je telo mŕtve bez ducha, tak je i viera mŕtva bez skutkov." To je dôvod, prečo musíte urobiť vašu vieru dokonalou skrze skutky poslušnosti, aby ste mohli byť uznaní za pravé Božie deti, ktoré dostanú všetko, o čo prosia.

Keď prijmeme Ježiša Krista za svojho Spasiteľa, začneme sa tešiť a našou mysľou slúžiť Božiemu zákonu. Avšak, ak sa nám nepodarí dodržiavať Božie prikázania, potom naším telom slúžime zákonu hriechu a nepotešujeme Boha. Je to preto, že s telesnými myšlienkami sme nepriateľmi voči Bohu a nie sme schopní podliehať Božiemu zákonu.

Ale ak odhodíme telesné myšlienky a nasledujeme duchovné myšlienky, môžeme byť vedení Božím Duchom, dodržiavať jeho príkazy a potešovať ho presne tak, ako Ježiš splnil zákon s láskou. A zostúpi na nás Božie prisľúbenie: „Všetko je možné tomu, kto verí."

Poďme sa teraz ponoriť do rozdielu medzi telesnými a duchovnými myšlienkami. Pozrieme sa na to, prečo sú telesné myšlienky nepriateľstvom voči Bohu, a ako sa môžeme vyhnúť telesným myšlienkam a kráčať v duchu tak, aby sme potešovali Boha.

Telesný človek myslí na telesné túžby, zatiaľ čo duchovný človek nasleduje túžby Ducha

1) Telo a telesné túžby

V Biblii nájdeme také pojmy ako „telo," „telesné veci", „telesné túžby" a „skutky tela". Tieto slová majú podobný význam a všetky sa pominú, keď opustíme tento svet.

Tieto diela / skutky tela sú zaznamenané v Gal 5, 19 - 21: „A skutky tela sú zjavné: smilstvo, nečistota, chlipnosť, modloslužba, čary, nepriateľstvá, svár, žiarlivosť, hnevy, zvady, rozbroje, roztržky, závisť, opilstvo, hýrenie a im podobné. O tomto vám vopred hovorím, ako som už skôr povedal, že tí, čo robia také veci, nebudú mať účasť na Božom kráľovstve."

V Rim 13, 12 – 14 nás apoštol Pavol varuje pred telesnými túžbami: „Noc pokročila a deň sa priblížil. Vyzlečme teda skutky tmy a oblečme si výzbroj svetla. Kráčajme slušne ako vo dne, nie v obžerstve a opilstve, nie v smilstve a bezuzdnosti, nie v hádkach a závisti. Ale oblečte sa v Pána Ježiša Krista a nevyhovujte telu, aby ste neprepadli žiadostiam."

Máme myseľ a máme myšlienky. Keď v našich mysliach živíme hriešne túžby a nepravdy, tieto hriešne túžby a nepravdy sa nazývajú „telesnými túžbami", a ak sa tieto hriešne túžby uskutočnia v skutku, nazývajú sa „skutkami tela". Telesné túžby a skutky tela sú proti pravde, takže nikto, kto ich živí, nemôže zdediť Božie kráľovstvo.

Preto nás Boh v 1 Kor 6, 9 - 10 varuje: „Neviete vari, že nespravodliví nebudú dedičmi Božieho kráľovstva? Nemýľte sa! Ani smilníci, ani modloslužobníci, ani cudzoložníci, ani prostitúti mužov, ani ich súložníci, ani zlodeji, ani lakomci, ani opilci, ani rúhači, ani vydierači nebudú dedičmi Božieho kráľovstva." A tiež v 1 Kor 3, 16 – 17: „Azda neviete, že ste Božím chrámom a že vo vás prebýva Boží Duch? Ak niekto kazí Boží chrám, toho Boh zničí; lebo Boží chrám je svätý a tým ste vy!"

Ako je uvedené v týchto pasážach, musíte si uvedomiť, že nespravodliví, ktorí sa dopúšťajú hriechov a zla v skutkoch, nemôžu zdediť Božie kráľovstvo - tí, ktorí konajú skutky tela, nemôžu byť spasení. Bdejte, aby ste nepadli do pokušenia kazateľov, ktorí hovoria, že môžeme byť spasení chodením do kostola. V Pánovom mene vás prosím, aby ste odolali pokušeniu starostlivým skúmaním Božieho slova.

2) Duch a túžby Ducha

Človek sa skladá z ducha, duše a tela; naše telo je pominuteľné. Telo je iba schránkou pre nášho ducha a dušu. Duch a duša sú nesmrteľné časti, ktoré sú zodpovedné za fungovanie našej mysle a dávajú nám život.

Duch je rozdelený do dvoch kategórií: duch, ktorý patrí Bohu a duch, ktorý nepatrí Bohu. To je dôvod, prečo 1 Jn 4, 1 hovorí: „Milovaní, neverte každému duchu, ale skúmajte duchov, či sú od Boha, lebo do sveta vyšlo mnoho falošných prorokov."

Boží Duch nám pomáha vyznávať, že Ježiš Kristus prišiel v tele a vedie nás k spoznaniu toho, čo nám Boh daroval (1 Jn 4, 2, 1 Kor 2,12).

Ježiš povedal v Jn 3, 6: „Čo sa narodilo z tela, je telo, a čo sa narodilo z Ducha, je duch." Ak príjmeme Ježiša Krista a dostaneme dar Ducha Svätého, Duch Svätý prichádza do našich sŕdc, posilňuje nás pochopiť Božie slovo, pomáha nám žiť podľa slova pravdy a vedie nás, aby sme sa stali duchovnými ľuďmi. Keď Duch Svätý prichádza do nášho srdca, náš mŕtvy duch ožije, preto sa hovorí, že sme sa znovu narodili z Ducha a posvätili sa skrze obriezku srdca.

Náš Pán Ježiš povedal v Jn 4, 24: „Boh je Duch a tí, čo sa mu klaňajú, musia sa klaňať v Duchu a pravde." Duch patrí do štvorrozmerného sveta, a tak Boh, ktorý je Duch, nielen vidí srdce každého z nás, ale tiež vie o nás všetko.

Jn 6, 63 hovorí: „Duch oživuje, telo nič neosoží! Slová, ktoré som vám povedal, sú Duch a život." Ježiš nám vysvetľuje, že Duch Svätý nám dáva život a Božie slovo je duch.

A Jn 14, 16 - 17 hovorí: „A ja budem prosiť Otca a on vám dá iného Tešiteľa, aby bol s vami až naveky - Ducha pravdy, ktorého svet nemôže prijať, pretože ho nevidí, ani nepozná. Vy ho poznáte, veď zostáva pri vás a bude vo vás." Ak dostaneme dar Ducha Svätého a staneme sa Božími deťmi, Duch Svätý nás vedie k pravde.

Duch Svätý prebýva v nás potom, čo sme prijali Pána a zrodí v nás ducha. Vedie nás k pravde a pomáha nám uvedomiť si všetky neprávosti, konať pokánie a odvrátiť sa od nich. Ak pôjdeme proti pravde, Duch Svätý stoná, dáva nám pocit ustarostenosti, povzbudzuje nás uvedomiť si naše hriechy a dosiahnuť svätosť.

Navyše, Duch Svätý je tiež nazývaný Božím Duchom (1 Kor 12, 3) a Pánovým Duchom (Sk 5, 9; 8, 39). Boží Duch je večná Pravda a životodarný Duch a vedie nás k večnému životu.

Na druhej strane, duch, ktorý nepatrí Bohu, ale je proti Božiemu Duchu, nevyznáva, že Ježiš prišiel na svet v tele a je nazývaný „duchom sveta" (1 Kor 2, 12), „duchom antikrista" (1 Jn 4, 3), „bludnými duchmi" (1 Tim 4, 1) a „nečistými duchmi" (Zjv 16, 13). Všetci títo duchovia patria diablovi. Nepochádzajú z Ducha pravdy. Títo nepravdiví duchovia nedávajú život, ale namiesto toho ženú ľudí do záhuby.

Duch Svätý predstavuje dokonalého Božieho Ducha, a tak, keď príjmeme Ježiša Krista a staneme sa Božími deťmi, dostávame dar Ducha Svätého, Duch Svätý v nás zrodí ducha a spravodlivosť a posilňuje nás prinášať ovocie Ducha Svätého, spravodlivosti a svetla. Keď sa podobáme Bohu skrze toto dielo Ducha Svätého, budeme ním vedení, nazývaní Božími deťmi a volať k Bohu „Abba, Otče", pretože dostávame Ducha synovstva (Rim 8, 12 - 15).

Preto, do akej miery sme vedení Duchom Svätým, do tej miery prinášame deväť ovocí Ducha Svätého, ktorými sú láska, radosť, pokoj, trpezlivosť, láskavosť, dobrota, vernosť, miernosť a sebaovládanie (Gal 5, 22 - 23). Zároveň prinášame ovocie spravodlivosti a ovocie Svetla, ktoré sú vo všetkej dobrote, spravodlivosti a pravde, a ktorými môžeme dosiahnuť dokonalú spásu (Ef 5, 9).

Telesné myšlienky vedú k smrti, ale duchovné myšlienky vedú k životu a pokoju

Ak budete nasledovať telo, vaša myseľ bude upriamená na telesné veci. Budete žiť podľa tela a páchať hriechy. Potom podľa Božieho slova, ktoré hovorí: „Lebo odplata za hriech je smrť," budete vedení k smrti. To je dôvod, prečo sa nás Pán pýta: „Čo osoží, bratia moji, ak niekto hovorí, že má vieru, ale nemá skutky? Či ho môže taká viera spasiť? Tak aj viera: Ak sa nedokazuje skutkami, sama osebe je mŕtva" (Jak 2, 14, 17).

Ak upriamite vašu myseľ na telo, nespôsobí to len páchanie hriechov a utrpenie v problémoch tu na zemi, ale nebudete môcť zdediť ani nebeské kráľovstvo. Preto to musíte mať na pamäti a zničiť skutky tela, aby ste mohli získať večný život (Rim 8, 13).

A naopak, ak budete nasledovať Ducha, upriamite vašu myseľ na Ducha a pokúsite sa čo najlepšie žiť podľa pravdy. Potom vám Duch Svätý pomôže v boji proti nepriateľovi diablovi a satanovi, odvrhnúť nepravdy, chodiť v pravde a stať sa svätými.

Predpokladajme, že vám niekto dá bezdôvodne facku. Môžete mať pocit nahnevanosti alebo namiesto toho môžete zahnať telesné myšlienky a nasledovať tie duchovné tým, že si spomeniete na Ježišovo ukrižovanie. Pretože Božie slovo nám hovorí, aby sme nastavili aj druhé líce, keď nás niekto udrie po jednom líci a vždy za každých okolností sa radovali, môžete ostatným odpustiť, trpezlivo všetko znášať a slúžiť druhým. A ako výsledok sa nebudete trápiť. Týmto spôsobom môžete dosiahnuť v srdci pokoj. Predtým, ako sa stanete svätými, môžete ho chcieť pokarhať, pretože je vo vás ešte stále zlo. Ale potom, čo odvrhnete každú formu zla, pocítite k nemu lásku, aj keď viete o jeho nedostatkoch.

A tak, ak upriamite vašu myseľ na ducha, budete hľadať duchovné veci a chodiť podľa slova pravdy. Potom, ako výsledok, budete môcť získať spásu a pravý život a váš život bude naplnený pokojom a požehnaním.

Telesné myšlienky sú nepriateľstvom voči Bohu

Telesné myšlienky vám bránia modliť sa k Bohu, zatiaľ čo tie duchovné vás vyzývajú, aby ste sa k nemu modlili. Telesné myšlienky vedú k nepriateľstvu a hádkam, zatiaľ čo tie duchovné vedú k láske a pokoju. A zároveň, telesné myšlienky sú proti pravde a v skutočnosti sú vôľou a myšlienkami nepriateľa diabla. To je dôvod, prečo, ak budete aj naďalej nasledovať telesné myšlienky, medzi Bohom a vami vznikne múr, ktorý bude stáť v ceste Božej vôle pre vás.

Telesné myšlienky neprinášajú žiadny pokoj, ale iba starosti, úzkosti a problémy. Jedným slovom, telesné myšlienky sú úplne nezmyselné a neosožné. Náš Boh Otec je všemohúci a vševediaci, a ako Stvoriteľ vládne nad nebesiami a zemou a všetkým, čo ich napĺňa, a tiež nad naším duchom a telom. Čo by mohol nedať nám - jeho milovaným deťom? Ak je váš otec prezidentom veľkej priemyselnej spoločnosti, nikdy sa nebudete musieť starať o peniaze, a ak je váš otec výborným lekárom, máte zaručené dobré zdravie.

Ako povedal Ježiš v Mk 9, 23: „Ak môžeš?! Pre toho, kto

verí, je všetko možné," duchovné myšlienky vám prinášajú vieru a pokoj, zatiaľ čo telesné myšlienky bránia nasledovať Božiu vôľu a dosiahnuť jeho dielo tým, že vám spôsobujú starosti, úzkosti a problémy. To je dôvod, prečo nám Rim 8, 7 hovorí o telesných myšlienkach: „Pretože zmýšľanie tela je nepriateľstvom voči Bohu - nepodrobuje sa totiž Božiemu zákonu; veď sa ani nemôže."

Sme Božie deti, ktoré slúžia Bohu a volajú k nemu „Otče". Ak v sebe nemáte žiadnu radosť, ale namiesto toho sa cítite ustarostení, skľúčení a v obavách, dokazuje to, že nasledujete telesné myšlienky riadené nepriateľom diablom a satanom, namiesto duchovných myšlienok, ktoré sú dané Bohom. Potom to musíte okamžite oľutovať, odvrátiť sa od toho a hľadať duchovné myšlienky. Je to preto, že Bohu sa môžeme podvoliť a poslúchať ho len s duchovnou mysľou.

Tí, ktorí sú v tele, nemôžu sa páčiť Bohu

Tí, ktorých mysle sú upriamené na telo, sú proti Bohu a Božiemu zákonu sa nepodvoľujú, a ani nemôžu. Neposlúchajú Boha a nedokážu ho potešiť, a nakoniec trpia v skúškach a problémoch.

Vzhľadom k tomu, že Abrahám, otec viery, vždy hľadal duchovné myšlienky, dokázal poslúchnuť aj Boží príkaz, ktorý žiadal obetovanie jeho jediného syna Izáka ako zápalnú obetu. Naopak, kráľ Šaul, ktorý nasledoval telesné myšlienky, bol nakoniec opustený; Jonáš bol vyhodený cez palubu silnou búrkou a prehltnutý veľrybou; a Izraeliti museli po exoduse 40 rokov znášať ťažký život na púšti.

Keď budete nasledovať duchovné myšlienky a ukážete skutky viery, môžete mať splnené túžby vašich sŕdc, ako je prisľúbené v Ž 37, 4 – 6: „Raduj sa v Pánovi a dá ti, po čom túži tvoje srdce. Zver svoju cestu Pánovi, dôveruj mu a on sa o všetko postará. Tvojej spravodlivosti dá vyjsť ako svetlu a tvojmu právu ako jasnému poludniu."

Každý, kto skutočne verí v Boha, musí odhodiť všetku neposlušnosť spôsobenú dielom nepriateľa diabla, dodržiavať Božie prikázania a konať veci, ktoré potešujú Boha. Potom sa stane duchovným človekom, ktorý bude schopný dostať všetko, o čo prosí.

Ako môžeme nasledovať diela Ducha?

Ježiš, ktorý je Boží Syn, prišiel na túto zem a stal sa zrnom pšenice pre hriešnikov a zomrel za nich. On vydláždil cestu k spáse pre každého, kto ho príjme, aby sa stal Božím dieťaťom a prinášal nespočetné ovocie. On sa usiloval iba o duchovné myšlienky a poslúchal Božiu vôľu; kriesil mŕtvych, uzdravoval chorých od všetkých druhov ochorení a rozšíril Božie kráľovstvo.

Čo by ste mali robiť, aby ste sa podobali Ježišovi a potešovali Boha?

Po prvé, skrze modlitby musíte žiť v pomoci Ducha Svätého.

Ak sa nemodlíte, podľahnete dielam satana a budete žiť nasledovaním telesných myšlienok. Avšak, keď sa bez prestania modlíte, vo svojom živote môžete dostať diela Ducha Svätého, byť presvedčení o tom, čo je spravodlivé, byť v opozícii k hriechu, nesúdiť, nasledovať túžby Ducha Svätého a byť v Božích očiach spravodliví. Dokonca aj Boží Syn, Ježiš, dosiahol Božie skutky skrze modlitby. Keďže je to Božia vôľa, aby ste sa bez prestania modlili, keď sa neprestajne modlíte, budete nasledovať iba duchovné myšlienky a potešovať Boha.

Po druhé, musíte dosiahnuť duchovné diela, aj keď nechcete. Viera bez skutkov je viera len ako poznanie. Je to mŕtva viera. Keď viete, čo máte robiť, ale nerobíte to, je to hriech. Preto, ak chcete nasledovať Božiu vôľu a potešovať Boha, musíte ukázať skutky viery.

Po tretie, musíte konať pokánie a získať moc zhora, aby ste mohli mať vieru, ktorá je sprevádzaná skutkami. Vzhľadom k tomu, že telesné myšlienky sú nepriateľstvom voči Bohu, sú mu nepríjemné a stavajú múr hriechu medzi Bohom a vami, musíte ich oľutovať a odhodiť. Pokánie je vždy potrebné pre dobrý kresťanský život, ale na odhodenie týchto myšlienok si musíte roztrhnúť srdce a konať z nich pokánie.

Ak spáchate hriechy, o ktorých viete, že ste nemali spáchať, v srdci budete mať nepríjemný pocit. Keď konáte pokánie z hriechov so srdcervúcou modlitbou, obavy a úzkosť vás opustia, stanete sa sviežimi, zmierení s Bohom, obnovení v pokoji, a potom môžete mať túžby srdca splnené. Ak sa aj naďalej modlíte za odhodenie každej podoby zla, budete konať pokánie z hriechov roztrhnutím si srdca. Vaše hriešne atribúty budú spálené ohňom Ducha Svätého a múr hriechov bude zničený. Potom budete schopní žiť nasledovaním diel Ducha a potešovať Boha.

Ak v srdci pociťujete bremeno po prijatí daru Ducha Svätého prostredníctvom viery v Ježiša Krista, je to preto, že ste si teraz uvedomili, že v dôsledku vašich telesných myšlienok stojíte proti Bohu. Preto musíte horlivou modlitbou zničiť múr hriechu, potom nasledovať túžby Ducha Svätého a konať diela Ducha nasledovaním duchovných myšlienok. Ako výsledok, vaše srdce naplní pokoj a radosť, dostanete odpovede na vaše modlitby a splnia sa túžby vášho srdca.

Ako povedal Ježiš v Mk 9, 23: „Ak môžeš?! Pre toho, kto verí, je všetko možné," v mene nášho Pána Ježiša Krista sa modlím, aby každý z vás odhodil telesné myšlienky, ktoré sú proti Bohu a kráčal vo viere nasledovaním diel Ducha Svätého, aby ste mohli potešovať Boha, konať jeho nekonečné skutky a zveľaďovať jeho kráľovstvo!

Kapitola 3

Zničiť všetky druhy myšlienok a teórií

2 Kor 10, 3 - 6

„Veď hoci žijeme v tele, nevedieme boj podľa tela. Zbrane nášho boja nie sú telesné, ale od Boha majú moc zboriť hradby. Nimi rúcame ľudské výmysly a každú povýšenosť, čo sa dvíha proti poznávaniu Boha, a nimi viažeme každú myšlienku na poslušnosť Kristovi, a sme hotoví potrestať každú neposlušnosť, kým vaša poslušnosť nebude úplná."

Ako už bolo spomenuté, viera môže byť rozdelená do dvoch kategórií: duchovná viera a telesná viera. Telesná viera je tiež nazývaná vierou, ktorou je poznanie. Keď začnete počúvať Božie slovo, získavate vieru ako poznanie. Je to telesná viera. Ale do akej miery chápete slovo a dodržiavate ho, do tej miery budete mať duchovnú vieru.

Ak pochopíte duchovné významy Božieho slova pravdy a položíte základy viery tým, že ho budete dodržiavať, Boh sa bude radovať a dá vám duchovnú vieru. A tak s touto duchovnou vierou danou zhora dostanete odpovede na vaše modlitby a riešenie na vaše problémy. Zároveň zažijete stretnutie so živým Bohom.

Prostredníctvom tejto skúsenosti sa vaše pochybnosti pominú, ľudské myšlienky a teórie budú zničené a budete stáť na skale viery, ktorá nemôže byť nikdy otrasená nijakým druhom skúšok a utrpenia. Keď sa stanete človekom pravdy a v srdci podobným Kristovi, znamená to, že vaše základy viery sú trvalo ustanovené. S týmto základom viery môžete získať všetko, o čo s vierou prosíte.

Rovnako ako povedal náš Pán Ježiš v Mt 8, 13: „Choď a nech sa ti stane tak, ako si uveril," keď budete mať dokonalú duchovnú vieru, je to viera, ktorou môžete dostať všetko, o čo prosíte. Môžete viesť život uctievania Boha vo všetkom, čo robíte.

Budete prebývať v láske a moci Boha a stanete sa Bohu veľkým potešením.

Poďme sa teraz ponoriť do niekoľkých vecí týkajúcich sa duchovnej viery. Aké sú prekážky v získaní duchovnej viery? Ako môžete získať duchovnú vieru? Aké požehnanie získali otcovia duchovnej viery v Biblii? A nakoniec sa pozrieme na dôvod, prečo boli opustení tí, ktorí si upriamili myseľ na telesné myšlienky.

Prekážky v získaní duchovnej viery

S duchovnou vierou môžete komunikovať s Bohom. Môžete jasne počuť hlas Ducha Svätého. Môžete získať odpovede na vaše modlitby a prosby. Môžete oslavovať Boha, či už jete, alebo pijete, alebo robíte čokoľvek iné. A budete viesť život v Božej milosti, jeho uznaní a bezpečí.

Prečo teda ľudia nedokážu mať duchovnú vieru? Teraz sa pozrieme na to, čo nám bráni v tom, aby sme mali duchovnú vieru.

1) Telesné myšlienky

Rim 8, 6 - 7 hovorí: „Lebo zmýšľanie tela vedie k smrti, zmýšľanie Ducha však vedie k životu a pokoju. Pretože zmýšľanie tela je nepriateľstvom voči Bohu - nepodrobuje sa totiž Božiemu zákonu; veď sa ani nemôže."

Myseľ môže byť rozdelená do dvoch častí; tá, ktorá má telesnú podstatu a tá, ktorá má duchovnú podstatu. Telesná myseľ sa vzťahuje na všetky druhy myšlienok uložených v tele a skladá sa zo všetkých druhov neprávd. Telesné myšlienky patria k hriechu, pretože nie sú v súlade s Božou vôľou. Rodia smrť, ako je napísané v Rim 6, 23: „Odplata za hriech je smrť." Na druhej strane, duchovná myseľ odkazuje na myšlienky pravdy a je v súlade s Božou vôľou - spravodlivosťou a dobrotou. Duchovné myšlienky rodia život a prinášajú nám pokoj.

Predpokladajme, napríklad, že čelíte ťažkostiam alebo skúške, ktoré nemožno prekonať ľudskou silou a schopnosťami. Telesné myšlienky prinášajú starosti a úzkosť. Ale duchovné myšlienky vás vedú k odhodeniu starostí a k vzdávaniu vďaky a radovaniu sa skrze Božie slovo, ktoré hovorí: „Ustavične sa radujte. Neprestajne sa modlite. Za všetko vzdávajte vďaky, lebo to je Božia vôľa v Kristovi Ježišovi" (1 Tes 5, 16 - 18).

A tak, duchovné myšlienky sú v rozpore s telesnými myšlienkami, preto s telesnými myšlienkami nechcete, a ani nemôžete podliehať Božiemu zákonu. To je dôvod, prečo sú telesné myšlienky nepriateľstvom voči Bohu a bránia nám mať duchovnú vieru.

2) Diela / skutky tela

Diela/skutky tela sa týkajú všetkých hriechov a zla uskutočnených v skutkoch, ako je napísané v Gal 5, 19 - 21: „A skutky tela sú zjavné: smilstvo, nečistota, chlipnosť, modloslužba, čary, nepriateľstvá, svár, žiarlivosť, hnevy, zvady, rozbroje, roztržky, závisť, opilstvo, hýrenie a im podobné. O tomto vám vopred hovorím, ako som už skôr povedal, že tí, čo robia také veci, nebudú mať účasť na Božom kráľovstve."

Ak neodhodíte skutky tela, nemôžete mať ani duchovnú vieru, ani zdediť Božie kráľovstvo. To je dôvod, prečo vám skutky tela bránia mať duchovnú vieru.

3) Všetky druhy teórií

Slovník The Webster's Revised Unabridged Dictionary definuje „teóriu" ako „doktrínu alebo schému vecí, ktoré končia v špekuláciach alebo očakávaní bez úmyslu ich uskutočniť; hypotéza; špekulácie", alebo ako „expozíciu všeobecných alebo abstraktných princípov akejkoľvek vedy." Táto myšlienka teórie je poznanie, ktoré podporuje stvorenie niečoho z niečoho, ale je pre nás zbytočná pri získavaní duchovnej viery. Naopak, skôr nás v jej získaní obmedzuje.

Pozrime sa na dve teórie stvorenia a Darwinovu evolučnú teóriu. Väčšina ľudí sa v škole učí, že ľudstvo sa vyvinulo z opice. V priamej opozícii nám Biblia hovorí, že človeka stvoril Boh. Ak veríte vo všemohúceho Boha, musíte si vybrať a nasledovať teóriu, že Boh stvoril svet, aj keď ste sa v škole naučili teóriu evolúcie.

Iba vtedy, keď sa odvrátite od teórie evolúcie, ktorú ste sa naučili v škole, k teórii o stvorení sveta Bohom, môžete mať duchovnú vieru. V opačnom prípade, všetky teórie vám budú brániť v získaní duchovnej viery, pretože je nemožné, aby ste s teóriou evolúcie verili, že niečo je stvorené z ničoho. Napríklad, ani s rozvojom vedy ľudia nedokážu vyrobiť semená života, spermie a vajíčka. Ako by bolo teda možné veriť, že niečo je stvorené z ničoho, ak nie v rámci duchovnej viery?

Preto musíme vyvrátiť tieto argumenty a teórie a každú pyšnú a nafúkanú vec, ktorá sa stavia proti pravému poznaniu Boha a každú myšlienku zajať a podrobiť poslušnosti Kristovi.

Šaul nasleduje telesné myšlienky a neposlúcha

Šaul bol prvým kráľom Izraelského kráľovstva, ale nežil v súlade s Božou vôľou. Na trón zasadol na žiadosť ľudí. Boh mu prikázal napadnúť Amálekov a úplne všetko zničiť a usmrtiť muža aj ženu, dieťa a batoľa, vola a ovcu, ťavu a osla, nešetriac nikoho z nich. Kráľ Šaul porazil Amáleka, čo bolo veľkým víťazstvom. Ale neposlúchol Boží príkaz a ušetril najlepšie ovce a voly.

Šaul konal podľa telesných myšlienok a ušetril Agaga a najlepšie ovce, voly, najtučnejší statok, baranov a všetko, čo bolo dobré s túžbou obetovať ich Bohu. Nebol ochotný ich všetky úplne zničiť. Tento skutok bol v Božích očiach neposlušnosťou a aroganciou. Boh ho skrze proroka Samuela pokarhal za jeho previnenie, aby mohol konať pokánie a obrátiť sa. Ale kráľ Šaul sa len vyhováral a trval na vlastnej spravodlivosti (1 Sam 15, 2 - 21).

Dnes existuje mnoho veriacich, ktorí konajú ako Šaul. Neuvedomujú si svoju neposlušnosť ani nepríjímajú pokarhanie za ňu. Namiesto toho, len sa vyhovárajú a trvajú na vlastných cestách nasledovaním ich telesných myšlienok. Nakoniec sú vyhlásení za ľudí neposlušnosti, ktorí sú podľa tela ako Šaul. Keďže 100 ľudí zo 100 sa líši v názoroch, ak konajú v súlade s ich vlastnými myšlienkami, nemôžu sa zjednotiť. Ak konajú podľa vlastných myšlienok, nebudú poslúchať. Ale ak konajú v súlade s Božou pravdou, budú schopní poslúchať a zjednotiť sa.

Boh poslal k Šaulovi proroka Samuela. Šaul neposlúchol Božie slovo a prorok mu povedal: „Vzdorovitosť je ako hriech veštenia a vzbura ako kúzlo a úcta k terafím. Pretože si zavrhol slovo Pána, i on ťa zavrhol, aby si už nebol kráľom" (1 Sam 15, 23).

Rovnako, ak sa niekto spolieha na ľudské myšlienky a nenasleduje Božiu vôľu, je to neposlušnosť voči Bohu, a ak si neuvedomí svoju neposlušnosť ani sa od nej neodvráti, nie je tu iná možnosť, ako byť Bohom opustený ako Šaul.

V 1 Sam 15, 22 Samuel pokarhal Šaula slovami: „Vari si Pán obľúbil viac spaľované obety a obety s hostinou ako poslušnosť vlastnému slovu? Poslušnosť je lepšia než obeta, poddajnosť lepšia než tuk baranov." Bez ohľadu na to, aké správne sa zdajú byť vaše myšlienky, ak sú proti Božiemu slovu, musíte ihneď konať pokánie a odvrátiť sa od nich. Okrem toho, vaše myšlienky musíte podrobiť k poslušnosti voči Božej vôli.

Otcovia viery, ktorí poslúchali Božie slovo

Dávid bol druhým kráľom Izraela. Už od detstva nenasledoval vlastné myšlienky, ale kráčal vedený len vierou v Boha. Nebál sa medveďov ani levov, keď pásol stádo, a niekedy zápasil s levmi a medveďmi a s vierou ochrániť stádo ich porazil. Neskôr len s vierou porazil Goliáša, filištínskeho bojovníka.

V jeden deň došlo k incidentu, keď Dávid neposlúchol

Božie slovo po tom, čo zasadol na trón. Keď bol za to prorokom pokarhaný, nevyslovil jedinú výhovorku, ale ihneď oľutoval a odvrátil sa, a nakoniec sa ešte viac posvätil. Ako vidíme, bol veľký rozdiel medzi Šaulom, človekom telesných myšlienok, a Dávidom, duchovným človekom (1 Sam 12, 13).

Mojžiš počas štyridsaťročného obdobia starania sa o stádo v divočine zničil všetky druhy myšlienok a teórií a uponížil sa pred Bohom do tej miery, že bol Bohom povolaný vyviesť Izraelitov z egyptského otroctva.

Na základe ľudského myslenia Abrahám nazýval svoju ženu, „sestrou." Potom, čo sa stal duchovným človekom skrze skúšky, mohol dokonca splniť Boží príkaz, ktorý mu prikázal obetovať jeho jediného syna Izáka ako zápalnú obetu. Ak by sa aspoň trochu spoliehal na telesné myšlienky, nedokázal by tento príkaz vôbec poslúchnuť. Izák bol jeho jediný syn, ktorého získal vo vysokom veku, a tiež mal byť semenom Božieho prisľúbenia. A tak, s ľudskými myšlienkami môže byť považované za nevhodné a nemožné rozsekať ho na kusy ako zviera a ponúknuť ako zápalnú obetu. Abrahám sa nikdy nesťažoval, ale namiesto toho veril, že Boh bol schopný vzkriesiť Izáka z mŕtvych a poslúchol (Hebr 11, 19).

Náman, veliteľ vojska sýrskeho kráľa, bol kráľom vysoko rešpektovaný a zvýhodňovaný, ale bol zasiahnutý malomocenstvom a prišiel k prorokovi Elizeovi získať uzdravenie od tejto choroby. Aj keď priniesol mnoho darov pre uskutočnenie Božieho diela, Elizeus ho nepustil dovnútra, ale namiesto toho, poslal svojho sluhu, aby mu povedal: „Choď, umy sa sedemkrát v Jordáne a telo budeš mať opäť zdravé ako predtým" (2 Kr 5, 10). S telesných myšlienkami to Náman považoval za hrubé a urážlivé a nahneval sa.

Ale zničil jeho telesné myšlienky a poslúchol príkaz, ktorý mu priniesol Elizeov sluha. Sedemkrát sa umyl v rieke Jordán a jeho telo sa obnovilo a bol znova čistý.

Voda symbolizuje Božie slovo a číslo „7" znamená plnosť, preto „ponorenie sa do rieky Jordán sedemkrát" znamená „úplne sa posvätiť Božím slovom." Keď sa posvätíte, môžete získať riešenie na akýkoľvek druh problému. Preto, keď Náman poslúchol Božie slovo prorokované prorokom Elizeom, zažil úžasné Božie dielo (2 Kr 5, 1 - 14).

Ste schopní poslúchať, keď odhodíte ľudské myšlienky a teórie

Jakub bol ľstivý a mal všetky druhy myšlienok, a tak sa snažil dosiahnuť jeho vôľu rôznymi spôsobmi. V dôsledku toho, 20 rokov trpel mnohými problémami. Nakoniec sa dostal do ťažkostí pri rieke Jabbók. Nemohol sa vrátiť do domu svojho strýka v dôsledku zmluvy, ktorú so strýkom uzavrel, ani ísť vpred kvôli jeho staršiemu bratovi Ezauovi, ktorý čakal na opačnej strane rieky, aby ho zabil. V tejto zúfalej situácii boli jeho vlastná spravodlivosť a všetky telesné myšlienky úplne zničené. Boh pohol srdcom Ezaua a zmieril ho s bratom. Týmto spôsobom Boh otvoril cestu k životu, aby Jakub mohol splniť Božiu prozreteľnosť (Gn 33, 1 - 4).

Boh hovorí v Rim 8, 5 – 7: „Lebo tí, čo žijú podľa tela, myslia na telesné veci, tí, čo žijú podľa Ducha, myslia však na duchovné veci. Lebo zmýšľanie tela vedie k smrti, zmýšľanie Ducha však vedie k životu a pokoju. Pretože zmýšľanie tela je nepriateľstvom voči Bohu - nepodrobuje sa totiž Božiemu zákonu; veď sa ani nemôže." To je dôvod, prečo musíme zničiť každý názor, každú teóriu a každú myšlienku, ktorá vznikne v opozícii k poznaniu Boha. Každú myšlienku musíme poddať Kristovi, aby sme mohli mať duchovnú vieru a ukázať skutky poslušnosti.

Ježiš dal v Mt 5, 39 - 42 nové prikázanie, keď povedal: „Ja vám však hovorím: Neprotivte sa zlému! Naopak: Tomu, kto ťa udrie po pravom líci, nadstav aj ľavé. Tomu, kto sa chce s tebou súdiť a vziať ti spodné rúcho, nechaj aj plášť. Ak ťa bude dakto nútiť niesť náklad jednu míľu, choď s ním dve. Kto ťa prosí, tomu daj a neodvracaj sa od toho, kto si chce od teba požičať." S ľudskými myšlienkami nedokážete nasledovať toto prikázanie, pretože sú proti slovu pravdy. Ale ak zničíte ľudské a telesné myšlienky, budete schopní ho nasledovať s radosťou a Boh skrze vašu poslušnosť spôsobí, že sa vám bude vo všetkom dariť.

Bez ohľadu na to, koľkokrát perami vyznávate vašu vieru, pokiaľ nezničíte vlastné myšlienky a teórie, nebudete schopní ani poslúchať, ani zažiť Božie diela alebo byť vedení k prosperite a úspechu.

Pripomínam vám, aby ste mali na mysli Božie slovo, ktoré je napísané v Iz 55, 8 – 9: „Veď moje myšlienky nie sú vaše myšlienky a vaše cesty nie sú moje cesty - znie výrok Pána. Lebo ako nebesá prevyšujú zem, tak prevyšujú moje cesty vaše cesty a moje myšlienky vaše myšlienky."

Musíte sa vyhnúť všetkým telesným myšlienkam a ľudským teóriám, a namiesto toho mať duchovnú vieru ako stotník, ktorý bol pochválený Ježišom za jeho úplné spoliehanie sa na Boha. Keď stotník prišiel k Ježišovi a prosil ho, aby uzdravil jeho sluhu, ktorého celé telo v dôsledku mŕtvice ochrnulo, s vierou vyznal, že sluha ozdravie pri jedinom Ježišovom slove. Dostal odpoveď tak, ako veril. Rovnako, ak máte takúto duchovnú vieru, môžete získať odpovede na všetky vaše modlitby a prosby a vzdať Bohu všetku slávu.

Božie slovo pravdy premieňa ducha ľudstva a umožňuje mu, mať vieru sprevádzanú skutkami. S touto živou a duchovnou vierou môžete dostať Božie odpovede. Kiež každý z vás zbúra všetky telesné myšlienky a ľudské teórie a má duchovnú vieru, aby ste tak mohli získať všetko, o čo s vierou prosíte a chválili Boha.

Kapitola 4

Siať semená viery

Gal 6, 6 - 10

„Kto je vyučovaný v slove, nech sa rozdelí o všetko, čo má, s tým, kto ho vyučuje. Nemýľte sa! Boh sa nedá vysmievať, lebo čo človek rozsieva, bude aj žať. Pretože kto rozsieva pre svoje telo, z tela bude žať porušenie. Ale kto rozsieva pre Ducha, z Ducha bude žať večný život. Neúnavne konajme dobro, lebo ak neochabneme, budeme žať, keď príde čas. A tak teda, kým máme čas, robme dobre všetkým, ale najmä členom rodiny veriacich."

Ježiš nám v Mk 9, 23 sľúbil: „Ak môžeš? Všetko je možné tomu, kto verí." Preto, keď k nemu prišiel stotník a ukázal takú vieru, Ježiš mu povedal: „Choď a nech sa ti stane tak, ako si uveril" (Mt 8, 13), a jeho sluha v tej chvíli ozdravel.

Toto je duchovná viera, ktorá nám umožňuje veriť v to, čo je neviditeľné. A je to tiež viera sprevádzaná skutkami, ktorá nám umožňuje skutkami odhaliť našu vieru. Je to viera, ktorou veríme, že niečo je stvorené z ničoho. To je dôvod, prečo je viera definovaná v Hebr 11, 1 – 3 nasledovne: „Viera je podstatou toho, v čo dúfame, a zdôvodnením toho, čo nevidíme, lebo pre ňu získali predkovia dobré svedectvo. Vo viere chápeme, že Božie slovo stvárnilo svet tak, že z neviditeľného povstalo viditeľné."

Ak máte duchovnú vieru, Boh má zaľúbenie vo vašej viere a dovolí vám získať to, o čo prosíte. Čo teda musíme urobiť, aby sme mali duchovnú vieru?

Rovnako ako poľnohospodár rozsieva semená na jar a na jeseň zbiera plody, musíme zasiať semená viery, aby sme mali plody duchovnej viery.

Teraz sa skrze podobenstvo o siatí semien a zbere plodov z poľa pozrieme na to, ako máme siať semeno viery. Ježiš hovoril zástupom v podobenstvách a bez podobenstiev im nič nehovoril (Mt 13, 34). Je to preto, že Boh je duch a my, ktorí žijeme na tomto fyzickom svete ako ľudské bytosti, nedokážeme pochopiť duchovnú oblasť Boha. Iba ak sme učení o duchovnej oblasti skrze podobenstvo tohto fyzického sveta, sme schopní pochopiť pravú Božiu vôľu. To je dôvod, prečo vám teraz prostredníctvom zopár podobenstiev o obrábanej pôde vysvetlím, ako siať semená viery a mať duchovnú vieru.

Zasadiť semená viery

1) Po prvé, musíte vyčistiť pole.

Poľnohospodár v prvom rade potrebuje pole, kde by mohol semená zasiať. Aby bolo pole vhodné, poľnohospodár musí v procese kultivácie použiť správne hnojivá, zorať pôdu, vyzbierať kamene a rozbiť hrudy zeme na kúsky, vrátane orby a obrábania pôdy pluhom. Až potom môžu semená zasiate do pôdy dobre rásť a priniesť úrodu veľkého množstva dobrých plodov.

V Biblii nám Ježiš predstavil štyri druhy pôdy. Pôda odkazuje na srdce ľudí. Prvá kategória je pôda na okraji cesty, v ktorej zasiate semená nemôžu vyklíčiť, pretože je príliš tvrdá; druhou je kamenistá pôda, v ktorej sú zasiate semená v dôsledku kameňov sotva schopné vyklíčiť a horko-ťažko vyrásť do niekoľkých púčikov; treťou je tŕnistá pôda, v ktorom semená vyklíčia, ale nerastú a neprinášajú dobré plody, pretože ich udusia tŕne; poslednou a štvrtou je dobrá pôda, kde semená vyklíčia, dobre rastú, zakvitnú a prinášajú mnoho dobrých plodov.

Rovnakým spôsobom je aj pôda ľudského srdca rozdelená na štyri druhy; prvým je pôda srdca na okraji cesty, kedy ľudia nedokážu pochopiť Božie slovo; druhým je kamenistá pôda srdca, kedy prijímajú Božie slovo, ale sa odvracajú, keď čelia skúškam a prenasledovaniu; tretím je tŕnistá pôda srdca, kedy starosti sveta a zvod bohatstva udusia Božie slovo a bránia tým, ktorí ho počúvajú prinášať ovocie; posledným a štvrtým druhom je dobrá pôda srdca, kedy ľudia chápu Božie slovo a prinášajú dobré ovocie. Ale bez ohľadu na to, aký druh pôdy srdca máte, ak pôdu srdca kultivujete a očistíte ako poľnohospodár, ktorý sa s námahou a v pote stará o jeho pole, pôda vášho srdca môže byť premenená na dobrú pôdu. Ak je tvrdá, musíte ju zorať a urobiť hladkou; ak je kamenistá, musíte vyzbierať kamene; ak je tŕnistá, musíte odstrániť tŕne, a potom ju budete musieť premeniť na dobrú pôdu použitím „hnojív".

Ak je poľnohospodár lenivý, nevyčistí si pôdu a nepremení ju na dobrú, zatiaľ čo usilovný poľnohospodár sa zo všetkých síl snaží, čo najlepšie pôdu kultivovať a vyčistiť, aby sa z nej stala dobrá pôda. A keď sa potom zmení na dobrú pôdu, prináša lepšie ovocie.

Ak máte vieru, budete sa zo všetkých síl v pote a námahe

snažiť zmeniť svoje srdce na dobré. Potom, aby ste pochopili Božie slovo, zmenili si srdce na dobré a prinášali mnoho ovocia, budete musieť bojovať proti hriechom a odhodiť ich až po krvipreliatie. Preto usilovným odhadzovaním hriechov a zla v súlade s Božím slovom, ako nám Boh prikazuje, aby sme sa zbavili každej podoby zla, budete schopní odstrániť každý kameň z pôdy vášho srdca, odstrániť burinu a zmeniť ho na dobrú pôdu.

Poľnohospodár s veľkou námahou usilovne pracuje, pretože verí, že bude žať hojnú úrodu, ak pôdu obrobí a zorie a zmení ju na dobrú pôdu. Preto aj ja vám želám, aby ste verili, že ak budete kultivovať pôdu srdca a zmeníte ju na dobrú pôdu a budete bojovať proti hriechom až po krvipreliatie a odhodíte ich, budete prebývať v Božej láske, budete vedení k úspechu a prosperite a vstúpite do lepšieho nebeského príbytku. Potom bude vo vašom srdci zasiate semeno duchovnej viery a prinesiete toľko ovocia, koľko budete schopní.

2) Po ďalšie, potrebné sú semená.

Po vyčistení pôdy budete musieť zasiať semená a pomôcť semenám vyklíčiť. Poľnohospodár rozsieva rôzne druhy semien a žne hojné plody rôznych druhov, ako je kapusta, hlávkový šalát, tekvica, zelené fazuľky, červená fazuľa, a podobne.

Rovnakým spôsobom musíme aj my zasiať rôzne druhy semien do pôdy nášho srdca. Božie slovo nám hovorí, aby sme sa neustále radovali, bez prestania sa modlili, za všetko ďakovali, dávali celé desiatky, pamätali svätiť Pánov deň a navzájom sa milovali. Keď sú do nášho srdca zasiate tieto Božie slová, vyklíčia, zakvitnú, vyrastú a prinášajú duchovné ovocie. A budete schopní žiť podľa Božieho slova a mať duchovnú vieru.

3) Potrebná je voda a slnečné svetlo.

Aby poľnohospodár žal dobrú úrodu, nestačí len to, aby vyčistil pole a pripravil semená. Sú potrebné aj voda a slnečné svetlo. Až potom môžu semená vyklíčiť a dobre rásť.

Čo predstavuje voda?
Ježiš hovorí v Jn 4, 14: „Kto sa však napije z vody, ktorú mu dám ja, nikdy nevysmädne. Ale voda, ktorú mu dám, stane sa v ňom prameňom vody prúdiacej do večného života." Voda duchovne predstavuje „vodu prúdiacu do večného života" a večná voda predstavuje Božie slovo, ako je zaznamenané v Jn 6, 63: „Duch oživuje, telo nič neosoží! Slová, ktoré som vám povedal, sú Duch a život." To je dôvod, prečo Ježiš povedal v Jn 6, 53 - 55: „Amen, amen, hovorím vám: Ak nebudete jesť telo Syna človeka a piť jeho krv, nebudete mať v sebe život. Kto je moje telo a pije moju krv, má večný život a ja ho vzkriesim v posledný deň.

Veď moje telo je pravý pokrm a moja krv je pravý nápoj." A tak na základe tohto verša platí, že len keď usilovne čítate a počúvate Božie slovo, premýšľate nad ním a úprimne sa s ním modlíte, budete môcť kráčať cestou večného života a mať duchovnú vieru.

Ďalej, čo predstavuje slnečné svetlo?

Slnečné svetlo pomáha semenám dobre vyklíčiť a rásť. Z rovnakého dôvodu, ak do vášho srdca vstúpi Božie slovo, potom slovo, ktoré je svetlo, vyženie zo srdca temnotu. Očisťuje vaše srdce a mení pôdu srdca na dobrú pôdu. Preto duchovnú vieru môžete mať do tej miery, do akej je vaše srdce naplnené svetlom pravdy.

Prostredníctvom podobenstva o poľnohospodárčení sme sa dozvedeli, že si musíme vyčistiť pôdu srdca, pripraviť dobré semená, a keď sú semená viery zasadené, zabezpečiť dobrú vodu a slnečné svetlo. Teraz sa pozrieme na to, ako máme semená viery sadiť a starať sa o ne.

Ako sadiť a starať sa o semená viery

1) Po prvé, semená viery musíte siať Božím spôsobom.

Poľnohospodár rozsieva semená rozdielne podľa toho, o aký druh semien ide. Niektoré semená sadí hlboko do pôdy, zatiaľ čo iné sú sadené plytko. Rovnakým spôsobom musíte aj vy meniť spôsob siatia semien viery podľa Božieho slova. Napríklad, keď sadíte modlitby, musíte volať s úprimným srdcom a pravidelne padať na kolená, ako je vysvetlené v Božom slove. Až potom budete môcť získať Božie odpovede (Lk 22, 39 - 46).

2) Po druhé, musíte siať s vierou.

Aký usilovný a horlivý je poľnohospodár v rozsievaní semien, pretože verí a dúfa, že bude zberať úrodu, aj vy musíte siať semená viery - Božie slovo - s radosťou a nádejou, že Boh vám umožní hojne žať. A tak nás v 2 Kor 9, 6 - 7 povzbudzuje slovami: „Je to tak: Kto skúpo seje, skúpo bude aj žať, kto však seje štedro, štedro bude aj žať. Každý tak, ako si umienil v srdci: Nie s nevôľou alebo z donútenia, lebo ochotného darcu miluje Boh."

Je to zákon tohto sveta a zákon duchovnej ríše, že budeme žať to, čo sme zasiali. Preto, do akej miery rastie vaša viera, do takej miery sa zlepší pôda vášho srdca. Ak ste zasiali viac, budete žať viac. Preto bez ohľadu na druh semien, ktoré ste zasiali, musíte ich siať s vierou, vďakou a radosťou, aby ste mohli žať hojné ovocie.

3) Po tretie, o vyklíčené semená sa musíte dobre starať.

Potom, čo poľnohospodár pripravil pôdu a zasial semená, musí rastliny zalievať, zabrániť červom a poškodeniu hmyzom použitím insekticídov, naďalej pôdu hnojiť a odstraňovať burinu. V opačnom prípade budú chradnúť a nemôžu rásť. Keď je zasadené Božie slovo, aj to musí byť kultivované, aby sa nepriblížil nepriateľ diabol a satan. Človek ho musí kultivovať vrúcnou modlitbou, držať sa ho s radosťou a vďakyvzdaním, zúčastňovať sa bohoslužieb, mať účasť v kresťanskom spoločenstve, čítať a počúvať Božie slovo a slúžiť. Potom môžu zasadené semená vyklíčiť, zakvitnúť a prinášať ovocie.

Proces, v ktorom kvitnú kvety a je prinášané ovocie

Ak sa poľnohospodár nestará o semená po ich zasiatí, zožerú ich červy, premnoží sa burina a zabráni semenám v raste a prinášaní ovocia. Poľnohospodár by nemal byť z jeho práce znechutený, ale trpezlivo sa o rastliny starať, až kým nezbiera mnoho dobrého ovocia. Keď príde správny čas, semená rastú, zakvitnú, a nakoniec vďaka včelám a motýľom prinášajú ovocie. Keď ovocie dozreje, poľnohospodár môže konečne s radosťou zbierať dobré ovocie. Aký bude radostný, keď sa všetka jeho práca a trpezlivosť premenia na dobré a vzácne ovocie so stonásobnou, šesťdesiatnásobnou alebo tridsaťnásobnou úrodou!

1) Po prvé, duchovný kvet zakvitne.

Čo znamená, že „semená viery rastú a prinášajú duchovné kvety"? Ak kvety zakvitnú, vydávajú vôňu a vôňa vábi včely a motýle. A rovnako, keď sme do pôdy nášho srdca zasiali semeno Božieho slova a starali sa oň do tej miery, že žijeme v súlade s Božím slovom, môžu v nás vyrásť duchovné kvety a šíriť vôňu Krista. Okrem toho, sme schopní hrať úlohu svetla a soli sveta, a tak mnoho ľudí môže vidieť naše dobré skutky a oslavovať nášho nebeského Otca (Mt 5, 16).

Ak budete vydávať vôňu Krista, nepriateľ diabol bude zahnaný a vy budete môcť oslavovať Boha vo svojich domovoch, firmách a pracoviskách. Či už jete alebo pijete, či robíte čokoľvek iné, môžete oslavovať Boha. V dôsledku toho, budete prinášať ovocie evanjelizácie, dosiahnete Božie kráľovstvo a spravodlivosť a zmeníte sa na duchovného človeka tým, že si vyčistíte pôdu srdca a premeníte ho na dobré.

2) Po ďalšie, ovocie rastie a dozrieva.

Potom, čo kvety zakvitnú, začína rásť ovocie, a keď dozrie, poľnohospodár ho zozbiera. Ak tento proces aplikujeme na našu vieru, aký druh ovocia môžeme priniesť? Môžeme prinášať rôzne druhy ovocia Ducha svätého, vrátane deviatich ovocí Ducha Svätého, ako je zaznamenané v Gal 5, 22 - 23, ovocie blahoslavenstiev v Mt 5 a ovocie duchovnej lásky, ako je uvedené v 1 Kor 13.

Skrze čítanie Biblie a počúvanie Božieho slova môžeme zistiť, či v nás kvety zakvitli a priniesli sme ovocie, a aké zrelé je to ovocie. Keď je ovocie plne zrelé, môžeme ho kedykoľvek zbierať a vychutnať si ho, kedy sa nám zachce. Ž 37, 4 hovorí: „Raduj sa v Pánovi a dá ti, po čom túži tvoje srdce." Je to takmer rovnaké, ako uloženie miliardy dolárov na bankový účet a môcť tieto peniaze minúť, kedykoľvek človek zatúži.

3) A nakoniec, budete žať, čo ste zasiali.

Kedykoľvek nastane správne obdobie, poľnohospodár žne to, čo zasial a opakuje to každý rok. Množstvo jeho úrody sa líši podľa toho, koľko zasial, a ako horlivo a verne sa o semená staral.

Ak sejete modlitbu, váš duch bude prosperovať, a ak sejete vernosť a službu, budete sa tešiť dobrému duchovnému a telesnému zdraviu. Ak usilovne sejete v oblasti financií, budete sa tešiť z finančného požehnania a pomáhať chudobným milodarmi toľko, koľko budete chcieť. Boh nám sľubuje v Gal 6, 7: „Nemýľte sa! Boh sa nedá vysmievať, lebo čo človek rozsieva, bude aj žať."

Mnoho častí Biblie potvrdzuje tento Boží sľub, hovoriac, že človek, ktorý seje, bude žať to, čo zasial. V 1 Kr 17 je príbeh vdovy žijúcej v Sarepte. Keďže na zemi už dlho nepršalo a potok vyschol, ona a jej syn boli na pokraji hladovania. Ale ona zasiala hrsť múky v miske s trochou oleja z nádoby pre Eliáša, Božieho človeka. V tej dobe, keď jedlo bolo cennejšie ako zlato, nebola by to bez viery dokázala. Verila a spoliehala sa na Božie slovo, ktoré jej bolo prorokované skrze Eliáša a siala ho s vierou. Boh ju na oplátku za jej vieru úžasne požehnal a ona, jej syn a Eliáš mali, čo jesť, až kým sa dlhý hladomor nakoniec neskončil (1 Kr 17, 8 - 16).

Mk 12, 41 – 44 nám hovorí o chudobnej vdove, ktorá do štátnej pokladnice vhodila dve malé medené mince, ktoré mali hodnotu asi jedného centu. Keď Ježiš pochválil jej skutok, dostala veľké požehnanie!

Boh ustanovil zákon duchovnej oblasti a hovorí nám, že budeme žať, ako sme siali. Ale ja vás vyzývam, aby ste si uvedomili, že je výsmechom Boha chcieť žať, keď sme nesiali. Musíte veriť, že Boh vám umožní žať stonásobne, šesťdesiatnásobne alebo tridsaťnásobne viac, ako ste zasiali.

Prostredníctvom podobenstva o poľnohospodárovi sme sa pozreli na to, ako siať semená viery a starať sa o ne, aby sme mali duchovnú vieru. Želám vám, aby ste kultivovali pôdu vášho srdca a premenili ho na dobré. Siali semená viery a kultivovali ich. Preto musíte siať toľko, koľko vládzete a starať sa o semená s vierou, nádejou a trpezlivosťou, aby ste dostali stonásobné, šesťdesiatnásobné alebo tridsaťnásobné požehnanie. Keď príde správny čas, budete žať ovocie a vzdáte veľkú slávu Bohu.

Kiež každý z vás verí v každé slovo v Biblii a seje semená viery podľa učenia Božieho slova, aby ste tak mohli prinášať hojné ovocie, oslavovať Boha a tešiť sa zo všetkých druhov požehnaní!

Kapitola 5

„Ak môžeš?
Všetko je možné!"

Mk 9, 21 - 27

„Ježiš sa pýtal jeho otca: „Odkedy sa mu to stáva?" On odpovedal: „Od detstva. A veľa ráz hodil chlapca do ohňa i do vody, aby ho zmárnil. Ak môžeš niečo urobiť, zľutuj sa nad nami a pomôž nám!" Ježiš mu odpovedal: „Ak môžeš?! Pre toho, kto verí, je všetko možné." Chlapcov otec hneď zvolal: „Verím, pomôž mojej neviere!" Ježiš si všimol, že sa zbiehajú ľudia. Pohrozil nečistému duchu slovami: „Duch nemoty a hluchoty, prikazujem ti: Vyjdi z neho a nikdy viac sa doňho nevracaj!" Duch vykríkol, silne chlapcom zalomcoval a vyšiel. Chlapec vyzeral ako mŕtvy, takže si mnohí mysleli, že zomrel. Ale Ježiš ho chytil za ruku, zdvihol ho a chlapec vstal."

Ľudia si uchovávajú ich životné zážitky prostredníctvom dojmov zo všetkého, s čím sa stretávajú, vrátane radosti, smútku a bolesti. Mnohí z nich niekedy čelia ťažkostiam a trpia vážnymi problémami, ktoré nedokážu vyriešiť slzami, vytrvalosťou, a ani za pomoci ostatných ľudí.

Ide o problémy chorôb, ktoré nie je možné vyliečiť modernými liekmi; psychické problémy pochádzajúce zo životného stresu, ktoré nie je možné vyriešiť žiadnou filozofiou alebo psychológiou; problémy doma a s deťmi, ktoré sa nedajú vyriešiť ani s najväčším množstvom bohatstva; problémy v oblasti podnikania a financií, ktoré nemôžu byť vyriešené žiadnymi prostriedkami a úsilím. A zoznam pokračuje. Kto dokáže vyriešiť všetky tieto problémy?

V Mk 9, 21 – 27 nájdeme rozhovor Ježiša s otcom dieťaťa, ktoré bolo posadnuté zlými duchmi. Dieťa vážne trpelo v dôsledku hluchonemosti a epileptických záchvatov. Často bolo v dôsledku posadnutia démonmi vrhnuté do vody a do ohňa. Vždy, keď sa ho zmocnili démoni, udierali ním o zem, z úst mu vychádzala pena, škrípalo zubami a zvíjalo sa po zemi.

Teraz sa pozrieme na to, ako otec dostal od Ježiša riešenie na jeho problém.

Ježiš vyčítal otcovi jeho nevieru

Dieťa bolo od narodenia hluchonemé, a tak nemohlo nikoho počuť a malo vážne problémy, aby mu ostatní rozumeli. Často bolo sužované epilepsiou a príznaky sa prejavovali v kŕčoch. To je dôvod, prečo otec musel žiť uprostred bolesti a úzkosti a nemal v živote žiadnu nádej.

Onedlho sa otec dopočul zvesti o Ježišovi, ktorý kriesil mŕtvych, uzdravoval chorých zo všetkých druhov chorôb, otváral oči slepým a vykonával rôzne zázraky. Správy zasadili v srdci otca nádej. Pomyslel si: „Ak má skutočne takú moc, ako som počul, mohol by byť schopný uzdraviť môjho syna zo všetkých jeho chorôb." Dúfal, že uzdravenie jeho syna bolo možné. Práve s týmto očakávaním priviedol syna k Ježišovi a prosil ho slovami: „Ak môžeš niečo urobiť, zľutuj sa nad nami a pomôž nám!"

Keď ho Ježiš počul, vyčítal mu jeho nevieru slovami: „Ak môžeš? Pre toho, kto verí, je všetko možné." Bolo to preto, že otec počul o Ježišovi, ale v srdci v neho neveril.

Ak by otec veril, že Ježiš je Boží Syn a všemohúci, ktorému nič nie je nemožné, a Pravda sama, nikdy by mu nepovedal: „Ak môžeš niečo urobiť, zľutuj sa nad nami a pomôž nám!"

Bez viery však nie je možné zapáčiť sa Bohu a bez duchovnej

viery nie je možné dostať odpovede. Aby Ježiš pomohol otcovi uvedomiť si túto skutočnosť, povedal mu: „Ak môžeš?" a pokarhal ho za to, že neveril úplne.

Ako mať dokonalú vieru

Ak veríte v to, čo je neviditeľné, vaša viera môže byť Bohom prijatá, a takáto viera sa nazýva „duchovná viera", „pravá viera", „živá viera" alebo „viera sprevádzaná skutkami". Touto vierou môžete veriť, že niečo je stvorené z ničoho. Je to preto, že viera je podstatou toho, v čo dúfame, a zdôvodnením toho, čo nevidíme (Hebr 11, 1 - 3).

Musíte v srdci veriť v cestu kríža, vzkriesenie, návrat Pána, Božie stvorenie sveta a zázraky. Až potom môže byť o vás vyhlásené, že máte dokonalú vieru. Keď perami vyznáte vašu vieru, bude to pravá viera.

Na to, aby sme mali dokonalú vieru, musia byť splnené tri podmienky.

Po prvé, musí byť zničený múr hriechov medzi Bohom a vami. Ak zistíte, že je medzi Bohom a vami múr hriechov, musíte ho zničiť pokáním. Navyše, budete musieť bojovať proti hriechom až po krvipreliatie a vyhnúť sa každej forme zla, aby ste nepáchali už viac hriechov. Ak budete nenávidieť hriechy do tej miery, že budete mať utrápený pocit pri myšlienke na hriechy a pri pohľade na hriechy znervózniete a budete cítiť úzkosť, ako by ste sa mohli odvážiť spáchať hriech? Namiesto života v hriechu, môžete komunikovať s Bohom a mať dokonalú vieru.

Po druhé, musíte nasledovať Božiu vôľu. Aby ste mohli plniť Božiu vôľu, v prvom rade musíte jasne pochopiť, čo je Božia vôľa. Potom, bez ohľadu na to, čo si želáte, ak to nie je Božia vôľa, nemali by ste to urobiť. Na druhej strane, nech už je to čokoľvek, čo nechcete urobiť, ak je to Božia vôľa, musíte to urobiť. Keď budete nasledovať jeho vôľu celým srdcom, v úprimnosti, sile a múdrosti, On vám dá dokonalú vieru.

Po tretie, musíte sa zapáčiť Bohu láskou k nemu. Ak všetko konáte pre Božiu slávu, či už jete alebo pijete, alebo čokoľvek iné robíte, a ak potešujete Boha sebaobetou, budete mať dokonalú vieru. To je tá viera, ktorá robí nemožné možným. S touto dokonalou vierou nielen veríte v to, čo je viditeľné a možné dosiahnuť vlastnými silami, ale aj v to, čo je neviditeľné a je ľudskými schopnosťami nemožné. Preto, keď vyznávate túto dokonalú vieru, všetko nemožné sa stane možným.

Preto, ako hovorí Božie slovo: „Ak môžeš? Pre toho, kto verí, je všetko možné," všetko sa vám stane, ako ste uverili a budete oslavovať Boha vo všetkom, čo robíte.

Nič nie je nemožné pre toho, kto verí

Keď dostanete dokonalú vieru, nič nebude pre vás nemožné a môžete dostať riešenia na všetky druhy problémov. V akých oblastiach môžete zažiť moc Boha, ktorý robí nemožné možným? Teraz sa pozrieme na tri druhy týchto aspektov.

Prvou oblasťou je problém chorôb.

Predpokladajme, že ste ochoreli v dôsledku bakteriálnej alebo vírusovej infekcie. Ak ukážete vieru a ste naplnení Duchom Svätým, oheň Ducha Svätého choroby spáli a budete uzdravení. Presnejšie, ak konáte pokánie z vašich hriechov a odvrátite sa od nich, môžete byť uzdravení prostredníctvom modlitby. Ak ste vo viere začiatočníkom, budete si musieť otvoriť srdce a počúvať Božie slovo, až kým nebudete schopní ukázať vašu vieru.

Ak vás postihnú vážne choroby, ktoré nemožno vyliečiť lekárskymi metódami, musíte ponúknuť dôkaz veľkej viery. Iba vtedy, keď konáte dôkladné pokánie z vašich hriechov roztrhnutím si srdca a držíte sa Boha modlitbami v slzách, môžete byť uzdravení. Ale tí, ktorí majú slabú vieru alebo takí, ktorí práve začali chodiť do kostola, nemôžu byť uzdravení, kým nedostanú duchovnú vieru, a do akej miery túto vieru dostanú, do takej miery budú krôčik po krôčiku uzdravení.

A nakoniec, fyzické deformácie, abnormality, krívanie, hluchota, mentálne a fyzické postihnutie a dedičné problémy nemôžu byť vyliečené bez Božej moci. Tí, ktorí trpia týmito problémami, musia najprv ukázať ich úprimnosť pred Bohom a predložiť dôkaz viery milovaním Boha a jeho potešovaním, aby mohli byť Bohom uznaní, a potom môže dojsť k dielu uzdravenia Božou mocou.

Tieto diela uzdravenia môžu nastať iba vtedy, ak ľudia ukážu skutky viery, presne tak, ako slepý žobrák, menom Bartimeus, volal k Ježišovi (Mk 10, 46 - 52), stotník ukázal jeho veľkú vieru (Mt 8, 6 - 13) a ochrnutý s jeho štyrmi priateľmi ponúkli Ježišovi dôkaz ich viery (Mk 2, 3 - 12).

Druhou oblasťou je problém financií.

Ak sa pokúsite vyriešiť problém financií vašimi poznatkami, spôsobmi a skúsenosťami bez Božej pomoci, problém môže byť vyriešený len podľa miery vašich schopností a úsilia. Ak však odhodíte hriechy, nasledujete Božiu vôľu a odovzdáte problém

Bohu s vierou, že Boh vás povedie jeho cestou, potom bude vaša duša prosperovať, vo všetkom sa vám bude dariť a budete sa tešiť z dobrého zdravia. Okrem toho, pretože budete chodiť v Duchu Svätom, dostanete Božie požehnania.

Až kým Jakub nezápasil s Božím anjelom pri rieke Jabbók, riadil sa v živote ľudskými spôsobmi a múdrosťou. Anjel sa dotkol jeho bederného kĺbu a bederný kĺb mu vyskočil. V tomto zápase s Božím anjelom sa odovzdal Bohu a všetko nechal na neho. Vtedy dostal požehnanie, že Boh bol s ním. A rovnako, ak aj vy milujete Boha, potešujete ho a všetko odovzdáte do jeho rúk, vo všetkom sa vám bude dariť.

Treťou oblasťou je to, ako získať duchovnú silu.

V 1 Kor 4, 20 nájdeme, že Božie kráľovstvo nespočíva v slovách, ale v moci. Moc sa zväčší, keď dosiahneme dokonalú vieru. Božia moc prichádza na nás odlišne podľa miery našej modlitby, viery a lásky. Diela Božích zázrakov, ktoré sú na vyššej úrovni, ako je dar uzdravovania, môžu byť vykonané iba tými, ktorí dostali Božiu moc skrze modlitby a pôst.

Preto, ak máte dokonalú vieru, nemožné bude pre vás možným a môžete odvážne vyznať: „Ak môžeš? Pre toho, kto verí, je všetko možné."

„Verím; pomôž mojej neviere!"

Na získanie riešenia akéhokoľvek druhu problému je tu proces.

Po prvé, pre začatie procesu musíte ponúknuť pozitívne vyznanie vašimi perami.

V Biblii je spomenutý otec, ktorý sa dlhú dobu trápil, pretože jeho syn bol posadnutý zlými duchmi. Keď sa otec dopočul o Ježišovi, začal túžiť po stretnutí s ním. Neskôr otec priviedol k Ježišovi jeho syna, očakávajúc, že jeho uzdravenie by mohlo byť možné. Aj keď si toho nebol istý, prosil Ježiša, aby jeho syna uzdravil.

Ježiš pokarhal otca za to, že povedal: „Ak môžeš!" Ale potom ho povzbudil slovami: „Pre toho, kto verí, je všetko možné." Po tomto slove povzbudenia otec zvolal a povedal: „Verím, pomôž mojej neviere." A týmto vykonal pred Ježišom toto pozitívne vyznanie.

Vzhľadom k tomu, že počul len ušami, že pre Ježiša bolo možné všetko, chápal to v jeho mozgu a vyznal jeho vieru iba perami, ale nevyznal vieru, ktorou by mohol uveriť z hĺbky srdca. Aj keď mal vieru ako poznanie, jeho pozitívne vyznanie sa stalo naliehaním duchovnej viery a viedlo ho k získaniu odpovede.

Po ďalšie, musíte mať duchovnú vieru, ktorou môžete veriť z

hĺbky srdca.

Otec posadnutého dieťaťa dychtivo túžil dostať duchovnú vieru a Ježišovi povedal: „Verím; pomôž mojej neviere" (Mk 9, 23). Keď Ježiš počul otcovu prosbu, spoznal otcovo úprimné srdce, pravdivosť, vrúcnu prosbu a vieru, a preto mu dal duchovnú vieru, aby mohol veriť z hĺbky srdca. A tak, pretože otec získal duchovnú vieru, Boh mohol pracovať pre jeho dobro a mohol dostať Božiu odpoveď.

Keď Ježiš prikázal v Mk 9, 25: „Vyjdi z neho a nikdy viac sa doňho nevracaj!" zlý duch vyšiel.

Jedným slovom, chlapcov otec nedokázal dostať Božiu odpoveď s telesnou vierou, ktorú mal uloženú len ako poznanie. Ale akonáhle dostal duchovnú vieru, ihneď získal Božiu odpoveď.

Tretím bodom v procese je volanie v modlitbe, až kým nezískame odpovede.

V Jer 33, 3 nám Boh sľubuje: „Volaj ku mne a odpoviem ti, oznámim ti veľké a neprístupné veci, ktoré nepoznáš." A v Ez 36, 36 náš učí: „Ešte v tomto sa dám uprosiť domu Izraela, aby som im to vyplnil." Ako je napísané vyššie, Ježiš, proroci starého zákona a apoštoli nového zákona volali a modlili sa k Bohu, aby získali jeho odpovede.

Z rovnakého dôvodu, iba prostredníctvom volania v modlitbe môžete získať vieru, ktorá vám umožní veriť z hĺbky srdca, a iba prostredníctvom tejto duchovnej viery môžete získať odpovede na modlitby a problémy. Musíte volať v modlitbách dovtedy, až kým nedostanete odpoveď, a potom sa nemožné stane pre vás možným. Otec démonom posadnutého dieťaťa mohol dostať odpoveď, pretože k Ježišovi volal.

Tento príbeh otca démonom posadnutého dieťaťa nám dáva dôležitú lekciu o Božom zákone. Aby ste zažili Božie slovo: „Ak môžeš? Tomu, kto verí, je možné všetko," musíte obrátiť vašu telesnú vieru na duchovnú vieru, ktorá vám pomôže mať dokonalú vieru, stáť na skale viery a bez pochybností poslúchať.

Ak tento proces zhrnieme, najprv je potrebné pozitívne vyznanie s telesnou vierou, ktorá je uložená ako poznanie. Potom musíte volať k Bohu v modlitbe, až kým nedostanete odpoveď. A nakoniec musíte získať duchovnú vieru zhora, ktorou uveríte z hĺbky srdca.

Aby ste mohli splniť tieto tri podmienky pre získanie úplnej odpovede, najprv musíte zničiť múr hriechu medzi vami a Bohom. Ďalej, musíte s úprimnosťou ukázať skutky viery. Potom bude vaša duša prosperovať. Do akej miery splníte tieto tri podmienky, do tej miery budete mať duchovnú vieru zhora a urobiť možným to, čo je nemožné.

Ak sa pokúsite vykonať niečo sami, namiesto odovzdania všemohúcemu Bohu, budete mať problémy a ťažkosti. Naopak, ak zničíte ľudské myšlienky, na základe ktorých to považujete za nemožné, a necháte všetko na Boha, On pre vás urobí všetko, čo bude potom nemožné?

Telesné myšlienky sú nepriateľstvom voči Bohu (Rim 8, 7). Bránia vám veriť a spôsobujú, že sklamete Boha negatívnym vyznaním. Pomáhajú satanovi vzniesť voči vám obvinenia, a zároveň na vás prinášajú prekážky, skúšky, problémy a ťažkosti. Preto musíte zničiť tieto telesné myšlienky. Bez ohľadu na to, akým druhom problémov čelíte, a to vrátane problémov prosperity vašej duše, podnikania, práce, choroby a rodiny, všetko musíte odovzdať do Božích rúk. Musíte sa spoľahnúť na všemohúceho Boha, veriť, že urobí nemožné možným a vierou zničiť všetky druhy telesných myšlienok.

Keď vyslovíte pozitívne vyznanie: „Verím," a modlíte sa k Bohu z hĺbky srdca, Boh vám dá vieru, ktorá vám pomôže veriť z celého srdca a s touto vierou vám Boh umožní dostať odpovede na akékoľvek problémy a oslavovať ho. Aký je to požehnaný život!

V mene Ježiša Krista sa modlím, aby ste chodili len vo viere, a tak dosiahli Božie kráľovstvo a spravodlivosť, splnili veľké poslanie hlásania evanjelia do celého sveta, konali Božiu vôľu, ktorá vám bola pridelená, urobili nemožné možným ako vojak na kríži a žiarili Kristovým svetlom!

Kapitola 6

Daniel sa spoliehal len na Boha

Dan 6, 21 - 23

„Keď sa blížil k jame, kde bol Daniel, volal k nemu žalostným hlasom: Daniel, služobník živého Boha, bol tvoj Boh, ktorému ustavične slúžiš, schopný zachrániť ťa od levov? Daniel kráľovi odpovedal: Kráľ, ži naveky! Môj Boh poslal svojho anjela a zatvoril tlamy levov, takže mi neublížili, lebo videl, že som nevinný, a ani pred tebou, kráľ, som sa nedopustil nijakej neprávosti."

Keď bol Daniel ešte dieťa, bol odvedený do babylonského otroctva. Ale neskôr našiel priazeň u kráľa a získal druhú najvyššiu hodnosť po kráľovi. Vzhľadom k tomu, že miloval Boha v najväčšej možnej miere, Boh mu dal poznanie a inteligenciu v každom smere literatúry a múdrosti. Daniel mal dokonca schopnosť porozumieť každému druhu videnia a snov. Bol politikom a prorokom, ktorý zjavoval Božiu moc.

Po celú dobu jeho života Daniel nikdy nerobil v službe Bohu kompromisy so svetom. Prekonal všetky skúšky a prekážky s mučeníckou vierou a velebil Boha veľkými víťazstvami viery. Čo máme robiť, aby sme mali takú istú vieru ako on?

Poďme sa ponoriť do toho, prečo Daniel, ktorý bol hneď po kráľovi vládcom v Babylonii, bol uvrhnutý do levovej jamy, a ako v levovej jame prežil bez jediného škrabanca na tele.

Daniel, človek viery

Počas vlády kráľa Rechabeáma bolo Spojené kráľovstvo Izraela v dôsledku dekadencie kráľa Šalamúna rozdelené na dve časti – južné Judsko a severný Izrael (1 Kr 11, 26 - 36). Králi a národ, ktorí poslúchali Božie prikázania, prosperovali, ale tí, ktorí Boží zákon neposlúchali, zahynuli.

V roku 722 p.n.l. sa severný Izrael rozpadol v dôsledku útoku

Asýrie. V tom čase bolo mnoho ľudí Asýriou zajatých. Aj južné Judsko bolo napadnuté, ale nebolo zničené.

Neskôr kráľ Nabuchodonozor napadol južné Judsko a na tretí pokus porazil mesto Jeruzalem a zničil Boží chrám. To sa stalo v roku 586 p.n.l.

V treťom roku kraľovania judského kráľa Jehojakima prišiel k Jeruzalemu babylonský kráľ Nabuchodonozor a obliehal ho. Pri prvom útoku kráľ Nabuchodonozor zviazal kráľa Jehojakima bronzovými okovami, aby ho zobral do Babylonu, a zároveň do Babylonu priniesol aj zopár vecí z Božieho domu.

Daniel bol spolu s kráľovskou rodinou a šľachticmi zajatý medzi prvými. Žili v pohanskej krajine, ale Danielovi sa darilo, keď slúžil niekoľkým kráľom - Nabuchodonozorovi a Belšaccarovi, ktorí boli kráľmi Babylonu, a Dáriusovi a Cyrusovi, ktorí boli kráľmi Perzie. Daniel dlhú dobu žil v pohanských krajinách a po kráľovi slúžil krajinám ako jeden z vládcov. Ale ukázal vieru, ktorou nerobil so svetom kompromisy a viedol víťazný život ako Boží prorok.

Babylonský kráľ Nabuchodonozor nariadil hlavnému dvoranovi jeho úradníkov priviesť niekoľkých zo synov Izraela, vrátane niekoľkých členov kráľovskej rodiny a šľachticov, mladíkov bez akejkoľvek chyby, pekných na pohľad, nadaných vo všetkej múdrosti, zbehlých a učenlivých, ktorí by boli schopní slúžiť v kráľovskom paláci, aby ich vyučoval chaldejskému písmu a reči. Kráľ im určil denný prídel z kráľovského pokrmu a z vína, ktoré on sám pil, a dal ich tri roky vychovávať. Daniel bol jedným z nich (Dan 1, 4 - 5).

Ale Daniel sa rozhodol, že sa nebude poškvrňovať prídelom z kráľovho pokrmu alebo vínom, ktoré kráľ pil; a tak požiadal hlavného dvorana o povolenie, aby sa nemusel poškvrňovať (Dan 1, 8). Toto bola viera Daniela, ktorý chcel dodržiavať Boží zákon. Boh udelil Danielovi milosť a súcit v očiach hlavného dvorana (v 9). A tak dozorca odnášal ich prídel a víno, ktoré mali piť, a dával im zeleninu (v 16).

Vzhľadom k tomu, že Boh videl Danielovu vieru, dal mu poznanie a inteligenciu v každom odbore literatúry a múdrosti; Daniel mal dokonca schopnosť porozumieť každému druhu videnia a snov (v. 17). V každej veci, na ktorú sa ho kráľ pýtal, a v ktorej išlo o múdrosť, zistil, že desaťkrát prevyšuje všetkých čarodejníkov a veštcov v celom jeho kráľovstve (v 20).

Neskôr bol kráľ Nabuchodonozor ustarostený jeho snom, ktorý sa mu snível a nemohol spať a žiadny z Chaldejcov mu sen nedokázal vyložiť. Ale Daniel uspel v jeho vykladaní

Božou múdrosťou a mocou. Potom kráľ Daniela povýšil a dal mu mnoho veľkých darov, ponechal mu vládu nad celou babylonskou provinciou a urobil ho hlavným predstaveným všetkých babylonských mudrcov (Dan 2, 46 - 48).

Nielen počas vlády kráľa Nabuchodonozora, ale tiež počas panovania Belšaccara si Daniel získal priazeň a uznanie. Kráľ Belšaccar vyhlásil, že Daniel bude vládnuť ako tretí v kráľovstve. Keď bol kráľ Belšaccar zabitý a kráľom sa stal Dárius, Daniel bol aj naďalej v kráľovej priazni.

Kráľ Dárius ustanovil nad kráľovstvom 120 satrapov a nad nimi troch vysokých úradníkov. Ale pretože Daniel časom vynikol nad ostatnými vysokými úradníkmi a satrapmi, pretože mal výnimočného ducha, kráľ zamýšľal ustanoviť ho nad celým kráľovstvom.

Potom sa vysokí úradníci a satrapovia usilovali nájsť proti Danielovi dôvod na obžalobu v záležitosti kráľovstva; ale nemohli nájsť nijaký dôvod ani zlý počin, pretože Daniel bol dôveryhodný a nedopúšťal sa nijakej nedbanlivosti ani zlého konania. Vymysleli však plán, ako nájsť v súvislosti s Božím zákonom dôvod Danielovho obvinenia. Požadovali, aby kráľ vydal rozkaz, prísne rozhodnutie, že každého, kto by v priebehu tridsiatich dní požiadal o niečo akéhokoľvek boha alebo človeka okrem kráľa, hodia do levovej jamy. A požiadali ho, aby zriadil súdny príkaz a písomný rozkaz, ktorý nemožno zmeniť a podľa zákona Médov a Peržanov nemožno zrušiť. Preto kráľ Dárius podpísal dokument, čiže písomný rozkaz.

Keď sa Daniel dozvedel, že písomný rozkaz je podpísaný, išiel do svojho domu a otvoril okná hornej izby smerujúce k Jeruzalemu; a naďalej trikrát denne pokľakol na kolená, modlil sa a vzdával vďaky pred svojím Bohom tak, ako to robieval predtým (Daniel 6:10). Daniel vedel, že bude hodený do levovej jamy, keď poruší písomný rozkaz, ale rozhodol sa pre mučenícku smrť a slúžiť iba Bohu.

Dokonca aj uprostred babylonského zajatia Daniel vždy pamätal na Božiu milosť a vrúcne ho miloval do tej miery, že bez prestania trikrát denne pokľakol na zem, modlil sa a vzdával mu vďaky. Mal silnú vieru a v službe Bohu so svetom nerobil nikdy kompromisy.

Daniel hodený do levovej jamy

Ľudia, ktorí žiarlili na Daniela, sa dohodli a našli Daniela, ako prosil a modlil sa pred svojím Bohom. Potom odišli za kráľom a pripomenuli mu kráľovský rozkaz. Nakoniec si kráľ uvedomil, že títo ľudia ho požiadali o vydanie písomného rozkazu nie kvôli samotnému kráľovi, ale kvôli ich plánu odstrániť Daniela a bol veľmi prekvapený. Ale pretože kráľ podpísal dokument a vydal príkaz, ani on ho nemohol zmeniť.

Akonáhle kráľ počul toto tvrdenie, bol veľmi zúfalý a rozhodol sa Daniela zachrániť. Ale vysokí úradníci a satrapovia prinútili kráľa uplatniť súdny príkaz a kráľovi nezostávalo nič iné, len to urobiť.

Kráľ bol nútený vydať rozkaz, Daniel bol uvrhnutý do levovej jamy a nad vchod do jamy položili prinesený kameň. To bolo preto, aby sa v Danielovom prípade nič nemohlo zmeniť.

Potom kráľ, ktorý mal Daniela rád, odišiel do svojho paláca a strávil noc v pôste, bez rozptýlenia a spánku. Za svitania kráľ vstal a ponáhľal sa k levovej jame. Prirodzene sa očakávalo, že keďže bol Daniel uvrhnutý do jamy k hladným levom, levy ho už zožrali. Ale kráľ sa ponáhľal k levovej jame, očakávajúc, že by mohol prežiť.

V tej dobe bolo mnoho odsúdených zločincov uvrhnutých do levovej jamy. Ale ako mohol Daniel premôcť hladné levy a prežiť? Kráľ si pomyslel, že Boh, ktorému Daniel slúžil, mohol byť schopný ho zachrániť a priblížil sa k jame. Kráľ vykríkol žalostným hlasom a povedal Danielovi: „Daniel, služobník živého Boha, bol tvoj Boh, ktorému ustavične slúžiš, schopný zachrániť ťa od levov?"

Na jeho prekvapenie sa z levovej jamy ozval Danielov hlas. Daniel povedal kráľovi: „Kráľ, ži naveky! Môj Boh poslal svojho anjela a zatvoril tlamy levov, takže mi neublížili, lebo videl, že som nevinný, a ani pred tebou, kráľ, som sa nedopustil nijakej neprávosti." (Dan 6, 21 - 22)

Kráľ sa veľmi zaradoval a rozkázal, aby vytiahli Daniela z jamy. Keď bol Daniel vytiahnutý z jamy, nenašli na ňom nijaké zranenie. Aké to bolo úžasné! Bolo to veľké víťazstvo, ktoré sa uskutočnilo vierou Daniela, ktorý dôveroval Bohu! Pretože Daniel veril v živého Boha, prežil uprostred hladných levov a zjavil Božiu slávu aj pohanom.

Potom kráľ rozkázal priviesť tých, čo ohovárali Daniela, a hodili ich do jamy k levom aj s deťmi a ženami. Ešte ani nedopadli na dno jamy, už sa ich zmocnili levy a rozdrvili im kosti (Dan 6, 24). Potom kráľ Dárius napísal ľuďom všetkých národností a jazykov, ktorí obývali celú zem, aby sa báli Boha, opísaním, kto Boh je.

Kráľ im povedal: „Nech sa rozhojní váš pokoj. Vydal som príkaz, aby sa na celom území môjho kráľovstva ľudia báli

Danielovho Boha, lebo on je živý Boh, ktorý je naveky, jeho kráľovstvo je nezničiteľné a jeho vláda bude trvať až do konca. On zachraňuje a vyslobodzuje a robí znamenia a zázraky na nebi aj na zemi. On zachránil Daniela z moci levov." (Dan 6, 26 - 27)

Aké veľké je toto víťazstvo viery! Všetko toto sa stalo preto, že Daniel nemal žiadny hriech a plne dôveroval Bohu. Ak budeme kráčať podľa Božieho slova a prebývať v jeho láske, bez ohľadu na to, v akej situácii a stave sa nachádzame, Boh nám poskytne spôsob, ako uniknúť a pomôže nám zvíťaziť.

Daniel, víťaz veľkej viery

Aký druh viery mal Daniel, že mohol vzdať takú veľkú chválu Bohu? Poďme sa pozrieť ma druh viery, ktorú mal Daniel, aby sme dokázali prekonať akýkoľvek druh skúšok a utrpenia a mnohým ľuďom zjavili slávu živého Boha.

Po prvé, Daniel nikdy neoslabil jeho vieru kompromisom so svetom.

Mal na starosti všeobecné záležitosti krajiny ako jeden z vysokých úradníkov Babylonu a bol si dobre vedomý toho, že by bol uvrhnutý do levovej jamy, ak by rozkaz porušil. Ale on nikdy nenasledoval ľudské myšlienky a múdrosť. Nebál sa ľudí, ktorí proti nemu zosnovali plán. Kľakol si na zem a modlil sa k Bohu, ako to robil predtým. Keby nasledoval ľudské myšlienky, počas tridsaťdňovej platnosti rozkazu by sa prestal modliť k Bohu alebo by sa modlil v tajnej miestnosti. Daniel však nerobil ani jedno z toho. Vôbec sa nesnažil ušetriť vlastný život ani nerobil dohody so svetom. Iba si udržal vieru v jeho láske k Bohu.

Jedným slovom, bolo to preto, že mal mučenícku vieru, že aj keď vedel, že bol podpísaný rozkaz, vošiel do svojho domu a v jeho strešnej izbe mal otvorené okná smerom k Jeruzalemu. Aj naďalej trikrát denne pokľakol, modlil sa a vzdával vďaky svojmu Bohu, ako to robil aj predtým.

Po druhé, Daniel mal vieru, ktorou sa neprestajne modlil.

Keď sa ocitol v situácii, v ktorej sa musel pripraviť na svoju smrť, modlil sa k Bohu, ako to bolo pre neho obvyklé. Nechcel spáchať hriech tým, že sa prestane modliť (1 Sam 12, 23).

Modlitby sú dychom nášho ducha, preto by sme sa nemali prestať modliť. Keď na nás prídu skúšky a utrpenie, musíme sa modliť, a keď sme v pokoji, musíme sa modliť, aby sme neupadli do pokušenia (Lk 22, 40). Pretože sa Daniel neprestal modliť, dokázal si udržať vieru a prekonať skúšky.

Po tretie, Daniel mal vieru, ktorou za všetkých okolností vzdával vďaky.

Mnohí otcovia viery zaznamenaní v Biblii ďakovali za všetko s vierou, pretože vedeli, že vzdávať vďaky za každých okolností je pravá viera. Keď bol Daniel uvrhnutý do levovej jamy, pretože nasledoval Boží zákon, stalo sa to víťazstvom viery. Aj keby bol zožratý levmi, bol by v náručí Boha a žil vo večnom Božom kráľovstve. Bez ohľadu na to, aký by bol výsledok, vôbec sa nebál! Ak človek úplne verí v nebo, nemôže sa báť smrti.

Aj keby mal Daniel žiť v pokoji ako vládca kráľovstva po kráľovi, bola by to len dočasná česť. Ale keby si udržal vieru a zomrel mučeníckou smrťou, bol by Bohom uznaný, považovaný za veľkého v nebeskom kráľovstve a žil vo večnej žiariacej sláve. To je dôvod, prečo jediná vec, ktorú urobil, bolo vzdávanie vďaky.

Po štvrté, Daniel nikdy nezhrešil. Mal vieru, ktorou nasledoval Božie slovo a dodržiaval ho.

Čo sa týka vládnych záležitostí, neexistovali žiadne dôvody pre Danielovo obvinenie. Nebolo v ňom ani stopy po korupcii, nedbalosti alebo nečestnosti. Jeho život bol veľmi čistý!

Daniel necítil ľútosť ani žiadne zlé pocity voči kráľovi, ktorý nariadil, aby bol uvrhnutý do levovej jamy. Namiesto toho, bol aj naďalej verný kráľovi až do tej miery, že mu povedal: „Kráľ, ži naveky!" Ak by tejto skúške čelil v dôsledku jeho hriechov, Boh by ho nemohol ochrániť. Ale pretože Daniel bol bezhriešny, mohol byť Bohom ochránený.

Po piate, Daniel mal vieru, ktorou plne dôveroval iba Bohu. Ak budeme mať z Boha úctivý strach, úplne sa na neho spoliehať a všetko odovzdáme do jeho rúk, On vyrieši všetky druhy našich problémov. Daniel plne dôveroval Bohu a úplne sa na neho spoliehal. A teda, nerobil dohody so svetom, ale vybral si Boží zákon a prosil o Božiu pomoc. Boh videl Danielovu vieru a vo všetkom konal pre jeho dobro. K požehnaniam boli pridané ďalšie požehnania, aby mohla byť Bohu vzdaná veľká sláva.

Ak budeme mať takú istú vieru ako Daniel, bez ohľadu na to, akým druhom skúšok a ťažkostí čelíme, môžeme ich prekonať, premeniť ich na šance získať požehnanie a byť svedkami živého Boha. Nepriateľ diabol obchádza okolo a hľadá, koho by zožral. Preto musíme odolať diablovi silnou vierou a žiť pod Božou ochranou dodržiavaním Božieho slova a riadením sa ním.

Prostredníctvom krátkych skúšok, ktoré na nás prichádzajú, Boh nás zdokonalí, utvrdí, upevní a postaví na pevný základ (1

Pt 5, 10). V mene nášho Pána Ježiša Krista sa modlím, aby ste mali takú vieru ako Daniel, neustále chodili s Bohom a oslavovali ho!

Kapitola 7

Boh sa vopred postará

Gn 22, 11 - 14

„Vtom z neba zavolal naňho Pánov anjel: „Abrahám, Abrahám!" On odpovedal: „Tu som." Anjel mu povedal: „Nedotýkaj sa chlapca, neublíž mu! Teraz viem, že sa bojíš Boha, lebo si mi neodoprel ani svojho jediného syna." Abrahám sa rozhliadol a v kroví uzrel barana zachyteného za rohy. Abrahám šiel, vzal barana a obetoval ho namiesto svojho syna ako spaľovanú obetu. Abrahám nazval toto miesto: Pán sa postará. Tak sa dodnes hovorí: „Na vrchu sa Pán postará.""

Pán sa postará! Aké vzrušujúce a potešujúce je už len to počuť! To znamená, že Boh pripravuje všetko vopred. Dnes mnohí veriaci v Boha počuli a vedia, že Boh vopred pre nás pracuje, všetko pripravuje a vedie nás. Ale väčšine ľudí sa v ich veriacich životoch nepodarí zažiť toto Božie slovo.

Slovo „Pán sa postará" je požehnanie, spravodlivosť a nádej. Každý chce tieto veci a túži po nich. Ak si neuvedomíme cestu, na ktorú odkazuje toto slovo, nemôžeme vstúpiť na cestu požehnania. A tak by som sa s vami rád podelil o Abrahámovu vieru ako príklad človeka, ktorý dostal požehnanie „Pán sa postará."

Abrahám povýšil Božie slovo nadovšetko

Ježiš hovorí v Mk 12, 30: „Milovať budeš Pána, svojho Boha, celým svojím srdcom, celou dušou, celou mysľou a celou silou!" Ako je uvedené v Gn 22, 11 - 14, Abrahám miloval Boha do takej miery, že mohol s Bohom komunikovať tvárou v tvár, chápal Božiu vôľu a získal požehnanie „Pán sa postará". Mali by ste si uvedomiť, že to nebola vôbec žiadna náhoda, že toto všetko dostal.

Abrahám nadovšetko vyvyšoval Boha a jeho slovo považoval za vzácnejšie ako čokoľvek iné. Preto nenasledoval vlastné myšlienky a bol vždy pripravený poslúchnuť Boha. Pretože bol pravdivý voči Bohu a voči sebe bez akejkoľvek nepravdy, v hĺbke srdca bol pripravený prijať požehnania.

Boh povedal Abrahámovi v Gn 12, 1 - 3: „Odíď zo svojej krajiny, od svojho príbuzenstva a z domu svojho otca do krajiny, ktorú ti ukážem. Urobím z teba veľký národ, požehnám ťa, zvelebím tvoje meno. Buď požehnaním! Požehnám tých, čo teba žehnajú a tých, čo tebe zlorečia, prekľajem. V tebe budú požehnané všetky pokolenia zeme."

Ak by v tejto situácii Abrahám použil ľudské myšlienky, trochu by sa trápil, keď mu Boh prikázal, aby odišiel zo svojej krajiny, od jeho príbuzných a z domu jeho otca. Ale on na prvé miesto kládol Boha Otca, Stvoriteľa. Z tohto dôvodu bol schopný poslúchnuť a nasledovať Božiu vôľu. Rovnakým spôsobom, hocikto môže poslúchať Boha s radosťou, ak ho skutočne miluje. Je to preto, že verí, že Boh vo všetkom pracuje pre jeho dobro.

Mnoho častí Biblie nám poukazuje na mnohých otcov viery, ktorí na prvé miesto kládli Božie slovo a podľa neho aj kráčali. 1 Kr 19, 20 - 21 hovorí: „Elizeus zanechal dobytok, rozbehol sa za Eliášom a povedal: „Dovoľ mi, prosím, pobozkať otca i matku. Potom prídem za tebou." Odvetil mu: „Choď, ale sa vráť! Veď čo mám s tebou robiť?" Nato sa vzdialil, vzal pár volov a obetoval ich. Na riade, ktorý ostal, uvaril mäso, rozdal ľudu a tí jedli. Potom vstal, nasledoval Eliáša a posluhoval mu." Keď Boh povolal Elizea skrze Eliáša, okamžite opustil všetko, čo mal, a nasledoval Božiu vôľu.

Bolo to rovnaké s Ježišovými učeníkmi. Keď na nich Ježiš zavolal, ihneď ho nasledovali. Mt 4, 18 - 22 nám hovorí: „Keď Ježiš išiel popri Galilejskom mori, uvidel dvoch bratov: Šimona, ktorý sa volal Peter, a jeho brata Ondreja, ako hádzali siete do mora. Boli totiž rybári. Zavolal ich: „Poďte za mnou a urobím z vás rybárov ľudí." Obaja hneď nechali siete a nasledovali ho. O kúsok ďalej videl druhých dvoch bratov, Jakuba, Zebedejovho syna, a jeho brata Jána, ako so svojím otcom Zebedejom opravovali na lodi siete. Aj ich povolal a oni hneď nechali loď aj otca a nasledovali ho."

To je dôvod, prečo vás horlivo vyzývam, aby ste mali vieru, ktorou budete schopní poslúchať Božiu vôľu, nech už je akákoľvek, a na prvé miesto klásť Božie slovo, aby tak Boh mohol jeho mocou vo všetkom pracovať pre vaše dobro.

Abrahám vždy odpovedal: „Áno!"

Podľa Božieho slova Abrahám opustil svoju krajinu Charán a šiel do Kanaánu. Ale keď v krajine nastal hlad, musel sa presťahovať do Egypta (Gn 12,10). Keď sa tam Abrahám presťahoval, o jeho manželke hovoril, že je to jeho „sestra", aby ho nezabili. Ohľadom tohto niektorí hovoria, že klamal ľudí okolo seba, keď im hovoril, že je jeho sestrou, pretože sa bál a bol zbabelec. Ale v skutočnosti im neklamal, len použil ľudské myslenie. To je preukázané skutočnosťou, že keď dostal príkaz opustiť jeho krajinu, bez strachu poslúchol. Preto nie je pravda, že im klamal, keď im hovoril, že bola jeho sestrou, pretože bol zbabelec. Urobil to nielen preto, že skutočne bola jednou z jeho sesterníc, ale aj preto, lebo si myslel, že bude lepšie ju nazývať „sestrou" ako „manželkou."

Počas jeho života v Egypte bol Abrahám Bohom zušľachtený do tej miery, že sa mohol dokonalou vierou úplne spoľahnúť na Boha bez toho, aby nasledoval ľudskú múdrosť a myslenie. Bol vždy pripravený poslúchnuť, ale ešte stále v ňom zostávali telesné myšlienky, ktoré ešte musel odhodiť. Prostredníctvom tohto procesu Boh dovolil, aby sa o neho egyptský faraón dobre postaral. Boh dal Abrahámovi veľa požehnania, vrátane oviec, volov, oslov, sluhov a slúžok, somárov a tiav.

To nám hovorí to, že keď na nás doľahnú skúšky v dôsledku nášho neposlúchania, musíme trpieť v ťažkostiach, ale ak na nás prídu skúšky kvôli telesným myšlienkam, ktoré sme ešte neodhodili, aj keď sme poslušní, Boh bude pracovať pre dobro všetkého.

Táto skúška umožnila, že Abrahám bol schopný odpovedať

iba „amen" a vo všetkom poslúchnuť, a potom mu Boh prikázal obetovať jeho jediného syna Izáka ako zápalnú obetu. Gn 22, 1 hovorí: „Po týchto udalostiach Boh skúšal Abraháma a povedal mu: 'Abrahám!" On odvetil: „Tu som.""

Keď sa narodil Izák, Abrahám mal sto rokov a jeho žena Sára mala deväťdesiat rokov. Bolo úplne nemožné mať v ich veku dieťa, ale iba z milosti a Božieho prisľúbenia sa im narodil syn a bol pre nich cennejší než čokoľvek iné. Navyše, bol semenom Božieho prisľúbenia. To je dôvod, prečo bol Abrahám taký prekvapený, keď mu Boh prikázal, aby svojho syna obetoval ako zápalnú obetu, ako zviera! Siahalo to za hranice akejkoľvek ľudskej predstavivosti.

Vzhľadom k tomu, že Abrahám veril, že Boh je schopný jeho syna vzkriesiť z mŕtvych, mohol poslúchnuť Boží príkaz (Hebr 11, 17 - 19). Ale z iného pohľadu, pretože všetky jeho telesné myšlienky boli zničené, mohol mať vieru, ktorou bol schopný obetovať jediného syna Izáka ako zápalnú obetu.

Boh videl túto Abrahámovu vieru a pripravil na zápalnú obetu barana, takže Abrahám nemusel siahnuť na život jeho syna. Abrahám našiel v kroví rohami zachyteného barana, vzal ho a obetoval ho ako zápalnú obetu namiesto jeho syna. A toto miesto nazval „Pán sa postará."

Boh pochválil Abraháma za jeho vieru, keď povedal v Gn 22, 12: „Teraz viem, že sa bojíš Boha, lebo si mi neodoprel ani svojho jediného syna" a vo veršoch 17 – 18 mu dal úžasný sľub požehnania: „Určite ťa požehnám a rozmnožím tvoje potomstvo ako hviezdy na nebi a ako piesok na morskom brehu; tvoje potomstvo sa zmocní brány svojich nepriateľov. Pretože si poslúchol môj hlas, v tvojom potomstve budú požehnané všetky národy zeme."

Aj keď vaša viera ešte nedosahuje úroveň Abrahámovej viery, už ste mohli zažiť požehnanie „Pán sa postará." Keď ste sa chystali niečo urobiť, zistili ste, že Boh sa už vopred postaral. Bolo to možné preto, že vaše srdce v tom momente túžilo po Bohu. Ak ste schopní mať takú istú vieru ako Abrahám a úplne Boha poslúchať, budete kdekoľvek a kedykoľvek žiť v požehnaní „Pán sa postará"; aký úžasný je život v Kristovi!

K tomu, aby ste dostali požehnanie Jehovu-Jireh, „Pán sa postará", musíte odpovedať „amen" na akýkoľvek druh Božieho príkazu a chodiť len podľa Božej vôle bez trvania na vlastných myšlienkach. Musíte od Boha získať toto uznanie. To je dôvod, prečo nám Boh jasne hovorí, že poslušnosť je lepšia ako obeta (1 Sam 15, 23).

Ježiš mal Božiu podobu, no rovnosť s Bohom nepovažoval za korisť, ale zriekol sa jej, vzal na seba podobu služobníka a stal sa rovným ľuďom. A ponížil sa a stal sa poslušným až na smrť (Flp

2, 6 - 8). A pokiaľ ide o jeho úplnú poslušnosť, 2 Kor 1, 19 - 20 hovorí: „Totiž Boží Syn Ježiš Kristus, ktorého sme vám hlásali my — ja, Silván a Timotej — nebol „áno" aj „nie", ale v ňom sa uskutočnilo „áno". Lebo všetky Božie prisľúbenia, koľkokoľvek ich je, v ňom sú „áno"; a preto prostredníctvom neho znie aj „amen", Bohu na slávu skrze nás."

Vzhľadom k tomu, že jednorodený Boží Syn odpovedal len „áno", aj my musíme nepochybne odpovedať „amen" na akékoľvek Božie slovo a osláviť ho získaním požehnania „Pán sa postará".

Abrahám vo všetkom hľadal pokoj a svätosť

Pretože povýšil Božie slovo nadovšetko a miloval Boha viac než čokoľvek iné, Abrahám na Božie slovo odpovedal iba „amen" a úplne ho poslúchol, a tak bol schopný potešovať Boha.

Okrem toho, úplne sa posvätil a vždy sa snažil byť v pokoji s každým okolo neho, aby mohol získať Božie uznanie.

V Gn 13, 8 - 9 povedal svojmu synovcovi Lótovi: „Nech nie je rozbroj medzi nami, medzi mojimi pastiermi a tvojimi pastiermi, veď sme bratia. Či nie je pred tebou celá krajina? Preto ťa prosím, oddeľ sa odo mňa! Ak pôjdeš naľavo, ja pôjdem napravo; ak si vyberieš pravú stranu, ja sa poberiem na ľavú."

Bol od Lóta starší, ale výber krajiny nechal na Lóta, aby bol pokoj a obetoval sa. Bolo to preto, že sa neusiloval o vlastné výhody, ale v duchovnej láske sa snažil iba o výhody pre druhých. Rovnako, ak žijete v pravde, nemali by ste sa hádať ani chváliť, aby ste tak mohli byť s každým v pokoji.

V Gn 14, 12; 16 zisťujeme, že keď Abrahám počul, že bol jeho synovec Lót zajatý, vyrazil v čele jeho tristoosemnástich vycvičených mužov, narodených v jeho dome, prenasledoval útočníkov a priviezol späť všetok tovar, a tiež aj jeho príbuzného Lóta s jeho majetkom, ako aj ženy a ostatných ľudí. A pretože bol úplne priamy a kráčal správnou cestou, dal Melchizedechovi, kráľovi Šalému, desiatok zo všetkého, čo patrilo Bohu a zvyšok vrátil kráľovi Sodomy so slovami: „Nevezmem ani len nitku, ani remienok z obuvi, vôbec nič z čohokoľvek, čo je tvoje, aby si nepovedal: Obohatil som Abraháma" (v 23). Ako vidíme, Abrahám sa nesnažil iba o pokoj v každej záležitosti, ale tiež kráčal bezúhonnou a priamou cestou.

Hebr 12, 14 hovorí: „Usilujte sa o pokoj so všetkými a o posvätenie, bez ktorého nikto neuvidí Pána." Vrúcne vás vyzývam, aby ste si uvedomili, že Abrahám mohol získať požehnanie Jehovu-Jireh, „Pán sa postará", pretože so všetkými ľuďmi sa usiloval o pokoj a dosiahol svätosť. Taktiež vás vyzývam, aby ste sa stali takým druhom človeka ako on.

Veriť v moc Boha Stvoriteľa

Aby sme mohli získať požehnanie „Pán sa postará", musíme veriť v Božiu moc. Hebr 11, 17 - 19 nás učí: „Vo viere Abrahám obetoval Izáka, keď bol skúšaný, a jednorodeného prinášal ako obetu ten, ktorý dostal prisľúbenia, a ktorému bolo povedané: „Po Izákovi sa bude volať tvoje potomstvo." Usudzoval totiž, že Boh má moc vzkriesiť aj mŕtvych. Preto dostal Izáka naspäť aj ako predobraz vzkriesenia." Abrahám veril, že moc Boha Stvoriteľa robí všetko možným, a preto dokázal Boha poslúchnuť bez toho, aby nasledoval akýkoľvek druh telesných a ľudských myšlienok.

Čo by ste robili, keby vám Boh prikázal ponúknuť vášho jediného syna ako zápalnú obetu? Ak veríte v Božiu moc, ktorou nič nie je nemožné, bez ohľadu na to, aké nepríjemné to je, budete schopní poslúchnuť. Potom dostanete požehnanie „Pán sa postará".

Vzhľadom k tomu, že Božia moc je neobmedzená, On sa o všetko vopred stará, uskutočňuje to a odmeňuje nás požehnaním, ak ho úplne poslúchneme bez akýkoľvek telesných myšlienok, ako to robil Abrahám. Ak máme niečo, čo milujeme viac ako Boha alebo odpovedáme „amen" iba na veci, ktoré súhlasia s našimi myšlienkami a teóriami, nikdy nemôžeme dostať požehnanie „Pán sa postará".

Ako je napísané v 2 Kor 10, 5: „Nimi rúcame ľudské výmysly a každú povýšenosť, čo sa dvíha proti poznávaniu Boha, a nimi viažeme každú myšlienku na poslušnosť Kristovi," aby sme mohli získať a zažiť požehnanie „Pán sa postará", musíme odhodiť všetky druhy ľudského myslenia a mať duchovnú vieru, ktorou môžeme odpovedať len „amen". Ak by Mojžiš nemal duchovnú vieru, ako by mohol rozdelil Červené more na polovicu? Ako by mohol Jozue zničiť mesto Jericho bez duchovnej viery?

Ak poslúchate len to, čo súhlasí s vašimi vlastnými myšlienkami a poznaním, nemožno to nazvať duchovnou poslušnosťou. Boh tvorí niečo z ničoho, ako teda môže byť jeho moc rovnaká ako sila a poznanie ľudí, ktorí tvoria niečo z niečoho?

Mt 5, 39 - 44 hovorí nasledovné: „Ja vám však hovorím: Neprotivte sa zlému! Naopak: Tomu, kto ťa udrie po pravom líci, nadstav aj ľavé. Tomu, kto sa chce s tebou súdiť a vziať ti spodné rúcho, nechaj aj plášť. Ak ťa bude dakto nútiť niesť náklad jednu míľu, choď s ním dve. Kto ťa prosí, tomu daj a neodvracaj sa od toho, kto si chce od teba požičať. Počuli ste, že bolo povedané: Milovať budeš svojho blížneho a nenávidieť svojho nepriateľa. Ja vám však hovorím: Milujte svojich nepriateľov a modlite sa za tých, ktorí vás prenasledujú."

Ako veľmi sa líši toto slovo Božej pravdy od našich vlastných myšlienok a poznania? To je dôvod, prečo vás vyzývam, aby ste si uvedomili, že ak sa pokúsite odpovedať „amen" len na to, čo súhlasí s vašimi myšlienkami, nemôžete dosiahnuť Božie kráľovstvo a dostať požehnanie Jehova-Jireh, „Pán sa postará".

Aj keď vyznávate vieru vo všemohúceho Boha, pociťujete ťažkosti, úzkosť a obavy, keď čelíte nejakým problémom? Potom to nemožno považovať za pravú vieru. Ak máte pravú vieru, musíte veriť v Božiu moc a odovzdať akýkoľvek problém do jeho rúk s radosťou a vďakyvzdaním.

V mene nášho Pána Ježiša Krista sa modlím, aby pre každého z vás bol Boh na prvom mieste, stali ste sa natoľko poslušnými, že na každé Božie slovo odpoviete len „amen", vo svätosti sa usilovali o pokoj so všetkými ľuďmi a verili v moc Boha, ktorý dokáže kriesiť mŕtvych, aby ste tak mohli získať požehnanie „Pán sa postará" a tešiť sa z neho!

Autor:
Dr. Jaerock Lee

Dr Jaerock Lee sa narodil v roku 1943 v Muane v Jeonnamskej provincii v Kórejskej republike. V jeho dvadsiatich rokoch sedem rokov trpel mnohými nevyliečiteľnými chorobami a bez nádeje na uzdravenie čakal na smrť. Jedného dňa na jar v roku 1974 ho sestra vzala do kostola, a keď pokľakol k modlitbe, živý Boh ho ihneď uzdravil zo všetkých chorôb.

Odkedy Dr Lee stretol živého Boha prostredníctvom tejto úžasnej skúsenosti, celým svojím srdcom úprimne miluje Boha. V roku 1978 bol povolaný, aby sa stal Božím služobníkom. Vrúcne sa modlil, aby mohol jasne pochopiť Božiu vôľu, úplne ju splniť a dodržiavať celé Božie slovo. V roku 1982 založil Manminskú centrálnu cirkev v Soule v Kórei. V jeho cirkvi sa uskutočňuje nespočetné množstvo Božích skutkov, vrátane zázračných uzdravení a zázrakov.

V roku 1986 bol Dr Lee vysvätený za pastora na výročnom zhromaždení Ježišovej Sungkyulskej cirkvi v Kórei a o štyri roky neskôr, v roku 1990, začali vysielať jeho kázne v Austrálii, v Rusku, na Filipínach a v mnohých ďalších krajinách prostredníctvom rozhlasových staníc Far East Broadcasting Company, Asia Broadcast Station a Washington Christian Radio System.

O tri roky neskôr, v roku 1993, bola Manminská centrálna cirkev vybraná kresťanským časopisom Christian World (USA) za jednu z „50 najlepších svetových cirkví" a z univerzity Christian Faith College na Floride v USA dostal Dr. Lee čestný doktorát bohoslovia. V roku 1996 na teologickom seminári Kingsway Theological Seminary v Iowa v USA dosiahol PhD. v Službe.

Od roku 1993 Dr Lee vedie svetovú evanjelizáciu prostredníctvom mnohých zahraničných výprav do Tanzánie, Argentíny, Baltimore City, Los Angeles, na Hawaj, do New Yorku v USA, Ugandy, Japonska, Pakistanu, Kene, na Filipíny, Honduras, do Indie, Ruska, Nemecka, Peru, Demokratickej republiky Kongo, Izraela a do Estónska.

V roku 2002 bol hlavnými kresťanskými novinami Christian newspapers v Kórei nazvaný „celosvetovým pastorom" kvôli jeho práci na rôznych zámorských výpravách. Zvlášť jeho výprava do New Yorku v roku 2006, ktorá sa konala na námestí Madison Square Garden, najväčšej svetoznámej aréne, bola vysielaná 220 národom, a jeho výprava do Izraela v roku 2009, ktorá sa konala v Medzinárodnom kongresovom centre (ICC) v Jeruzaleme, kedy smelo vyhlásil, že Ježiš Kristus je Mesiáš a Spasiteľ.

Jeho kázne sú vysielané do 176 krajín pomocou satelitov, vrátane GCN TV. V roku 2009 a 2010 bol populárnym ruským kresťanským časopisom In Victory a spravodajskou agentúrou Christian Telegraph zaradený medzi „desiatich najvplyvnejších kresťanských vodcov" pre jeho presvedčujúcu cirkevnú službu prostredníctvom televízneho vysielania a jeho cirkevné pôsobenie v zahraničí.

Od mája 2013 má Manminská centrálna cirkev kongregáciu s viac ako 120 000 členmi. Má 10 000 filiálok po celom svete, vrátane 56 domácich filiálok a viac ako 129 misionárov bolo poslaných do 23 krajín, vrátane Spojených štátov amerických, Ruska, Nemecka, Kanady, Japonska, Číny, Francúzska, Indie, Kene a mnoho ďalších krajín.

K dátumu tohto uverejnenia je Dr. Lee autorom 85 kníh, vrátane bestsellerov Ochutnať večný život pred smrťou, Môj život Moja Viera I & II, Posolstvo kríža, Miera viery, Nebo I & II, Peklo, Prebuď sa, Izrael! a Božia moc. Jeho diela sú preložené do viac ako 75 jazykov.

Jeho kresťanský stĺpec je vydávaný v časopisoch The Hankook Ilbo, The JoongAng Daily, The Chosun Ilbo, The Dong-A Ilbo, The Munhwa Ilbo, The Seoul Shinmun, The Kyunghyang Shinmun, The Korea Economic Daily, The Korea Herald, The Shisa News a The Christian Press.

Dr Lee je v súčasnej dobe vedúcou osobnosťou mnohých misijných organizácií a združení: Pozície, ktoré zastáva sú: predseda spoločnosti The United Holiness Church of Jesus Christ; prezident spoločnosti Manmin World Mission; permanentný prezident spoločnosti The World Christianity Revival Mission Association; zakladateľ & predseda komisie spoločnosti Global Christian Network (GCN); zakladateľ & predseda komisie spoločnosti World Christian Doctors Network (WCDN); a zakladateľ & predseda komisie spoločnosti Manmin International Seminary (MIS).

Iné mocné knihy od tohoto autora

Nebo I & II

Detailný náčrt úžasného života, ktorý si vychutnávajú nebeskí obyvatelia a krásny opis rôznych úrovní nebeských kráľovstiev.

Môj Život, Moja Viera I & II

Najvoňavejšia duchovná aróma získaná zo života, ktorý kvitol neporovnateľnou láskou k Bohu, uprostred temných vĺn, studených okovov a najhlbšieho zúfalstva.

Ako Chutí Večný Život pred Smrťou

Svedecké memoáre Dr. Jaerocka Leeho, ktorý bol znovuzrodený a zachránený od údolia tieňov smrti, a ktorý viedol dokonalý príklad kresťanského života.

Miera Viery

Aký príbytok, koruna a odmeny sú pre vás pripravené v nebi? Táto kniha poskytuje múdrosť a vedenie pre zmeranie vašej viery a pre vypestovanie si najlepšej a najvyzretejšej viery.

Peklo

Úprimné posolstvo celému ľudstvu od Boha, ktorý si neželá, aby čo len jedna duša upadla do hlbín pekla! Objavíte krutú realitu nižšieho záhrobia a pekla tak, ako ešte nikdy nebola odhalená.

www.urimbooks.com

www.ingramcontent.com/pod-product-compliance
Lightning Source LLC
LaVergne TN
LVHW061039070526
838201LV00073B/5103